일본어
28일 만에 완전절친되기

일본어 28일 만에 완전절친 되기 왕초보 일본어

개정판 1쇄 발행 2021년 3월 5일
3쇄 발행 2024년 12월 10일

지은이 임승진
기획 및 편집 오혜순
표지디자인 박윤정

펴낸곳 ㈜글로벌21
출판등록 2019년 1월 3일
주소 서울시 강남구 논현로76길 24

ISBN 979-11-91062-03-8 13730

일본어 28일 만에 완전절친 되기

왕초보 일본어

임승진 지음

| 들어가는 말 |

일본어... 늘 한두 달 공부하다 때려치우는... 그렇지만 미련을 버리지 못하고 또 책을 집어들긴 하는데 다시 책을 휘익 던져버리는, 만성 악순환을 겪는 분들에게 <일본어 28일 만에 완전정친되기>를 은근슬쩍 추천합니다.

나도 남들처럼 외국어를 하나쯤은 해야겠고. 음... 뭘 하지? 이럴 때 들려오는 주변 지인들의 달콤한 속삭임! 일본어 해봐~! 일단 발음이 쉽잖아. 영어처럼 혀에 버터를 발라 이리저리 굴리지 않아도 되고, 중국어처럼 성조(음절의 높낮이) 연습을 하느라 진땀을 뺄 필요도 없어. 그리고 한국어랑 어순이 같잖아. 문법도 한국어랑 비슷하대. 그래! 결심했어! 바로 일본어야! 이제 나도 친구들과 일본 여행 가서 어깨 으쓱하며 가이드도 해주고, 일본 드라마도 자막 없이 볼 수 있겠지. 우하하!!!

그렇게 부푼 꿈을 안고 시작한 일본어. 그러나 대부분의 일본어 학습자들을 보고 있노라면 다들 한두 달 공부하다가, 에잇, 뭐야 어렵잖아! 문법도 어렵고 외워야 할 한자는 또 왜 이렇게 많은 거야! 몰라! 그만할래! 이렇게 포기하는 경우를 많이 본다. 세 달도 안돼서 실력이 빨리 늘지 않네, 어렵네 하면서 공부를 포기하는 학습자들을 보면 참으로 안타깝다.

아이들도 두세 살은 되어야 말문이 트인다. 여러분들은 일본어를 처음 배우는 아이와 같다. 적어도 옹알이 수준을 벗어나려면 한두 달 하고 때려치울 것이 아니라 조금 더 노력이라는 것을 해봐야 하지 않을까? 그럼 28일 만에 일본어랑 절친이 될 수 있다는 건 뭐야? 이 책은 일본어를 처음 시작하는 사람들이 초반에 일본어를 포기하지 않도록 일본어의 재미와 기본적인 문법의 틀을 잡아주는 친절한 안내서와 같다. 거창하고 어려운 문법이나 일본어에 대해 많은 것을 가르쳐주려고 애쓰기보다는 일본어를 먼저 공부한 선배로서 왕초보 과정에서 이것만은 확실히 알고 넘어가면 좋겠다는 부분들을 공유하고 싶다.

흔히 외국어를 마라톤 같다고도 하고, 다이어트 같다고도 한다. 단기간에 바라는 결과를 내기가 쉽지 않다는 이야기다. 외국어를 단기간에 마스터하기란 불가능한 이야기이다. 그렇지만 그냥 물러설 수도 없다! 하고 싶은 말을 일본어로 술술 표현하고 일본 방송을 편하게 듣고 싶은가? 그렇다면 너무 조급하게 생각하지 말기 바란다. 마음이 조급하면 포기하기 쉽다. 여유를 가지고 일단 이 책으로 하루 몇 분씩 28일 동안만이라도 꾸준히 하자! 그러다 보면 어느 순간 부쩍 늘어 있는 여러분의 일본어 실력에 스스로 놀랄 날이 반드시 온다. 자신을 믿고 힘내길 바란다.

이 책의 구성

학습 포인트 알기

공부에 들어가기 전에 그날 공부할 내용이 무엇인지를 콕콕 집어준다.

맘 잡고 일본어 공부 시작하는 첫날! 오늘은 일본어 문장의 기본 패턴인 A는 B입니다와 부정 패턴인 A는 B가 아닙니다에 대해 알아보도록 하자. 쉽게 말하면, '나는 한국 사람입니다'와 '나는 일본사람이 아닙니다'를 만드는 방법을 배워보자는 것인데, 이 두 문장만 가지고도 얼마나 많은 표현을 할 수 있는지, 여러분 스스로도 놀라게 될 것이다!

A와 B데스
A는 B입니다 = AはBです

は(와)는 주격조사 ~은, 는이고 です(데스)는 ~입니다라는 뜻이다. 여기서 ... 해야 할 것은 원래 は는 단어로는 하로 발음하지만, 조사로 쓰일 경우에는 와... 한다는 것이다. 이제 문장을 큰 소리로 읽어보자.

01 나는 바보입니다.	私(わたし)はばかです。 와따시와바까데스
02 그는 일본사람입니다.	彼(かれ)は日本人(にほんじん)です。 카레와니혼징데스
03 그녀는 학생입니다.	彼女(かのじょ)は学生(がくせい)です。 카노죠와각세-데스
04 취미는 요리입니다.	趣味(しゅみ)は料理(りょうり)です。 슈미와료-리데스
5 차는 BMW입니다.	車(くるま)はBMWです。 쿠루마와비에무다브류데스
...오 저쪽입니다.	カラオケはあちら... 카라오께와아찌...

한눈에 쏙 들어오는 문법정리

둘!

일본어 왕초보 시절에는 많은 문법을 공부해도 다 소화하기 힘들다. 왕초보 딱지를 떼기 위한 기본 문법만 골라 정리해준다.

셋!

배운 문법 작문으로 소화시키기

문법을 배웠다고 금방 회화 실력이 느는 것은 아니다. 배운 문법을 이용해 직접 문장을 만들어 보지 않으면 온전히 내 것이 될 수 없다. 그날 배운 문법을 이용해 작문 연습을 하라. 이 책에서 배운 문법만으로도 일상생활에서 흔히 쓰는 쉬운 문장을 표현할 수 있다.

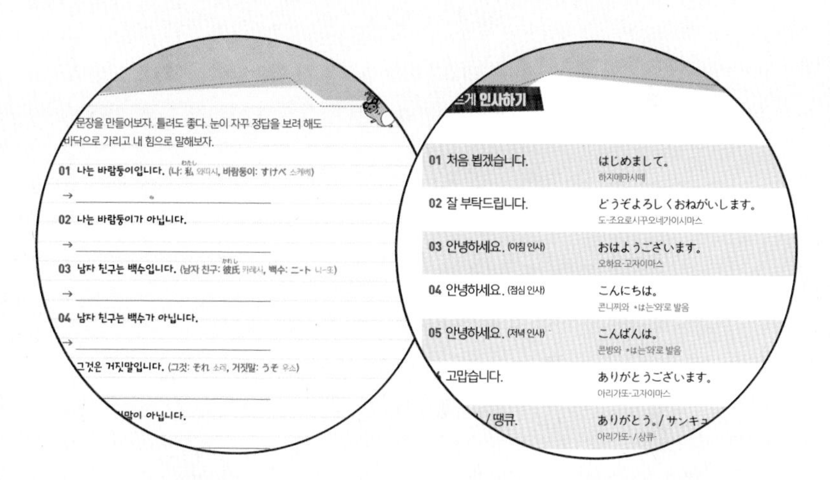
문장을 만들어보자. 틀려도 좋다. 눈이 자꾸 정답을 보려 해도
바닥으로 가리고 내 힘으로 말해보자.

01 나는 바람둥이입니다. (나: 私 와따시, 바람둥이: すけべ 스케베)
→
02 나는 바람둥이가 아닙니다.
→
03 남자 친구는 백수입니다. (남자 친구: 彼氏 카레시, 백수: ニート 니-또)
→
04 남자 친구는 백수가 아닙니다.
→
그것은 거짓말입니다. (그것: それ 소레, 거짓말: うそ 우소)

말이 아닙니다.

...게 인사하기

01 처음 뵙겠습니다.	はじめまして。	하지메마시떼
02 잘 부탁드립니다.	どうぞよろしくおねがいします。	도-조요로시꾸오네가이시마스
03 안녕하세요. (아침 인사)	おはようございます。	오하요-고자이마스
04 안녕하세요. (점심 인사)	こんにちは。	콘니찌와 *は는'와'로 발음
05 안녕하세요. (저녁 인사)	こんばんは。	콘방와 *は는'와'로 발음
고맙습니다.	ありがとうございます。	아리가또-고자이마스
/ 땡큐.	ありがとう。/ サンキュ	아리가또- / 상큐-

넷!

일본어 말문 떼기

일본어를 공부하는 학생들이 궁금해 하는 것들에 대해, 일본어를 먼저 공부한 선배로서 친절히 답해주고, 일본어 정복을 위한 아낌없는 충고도 해준다.

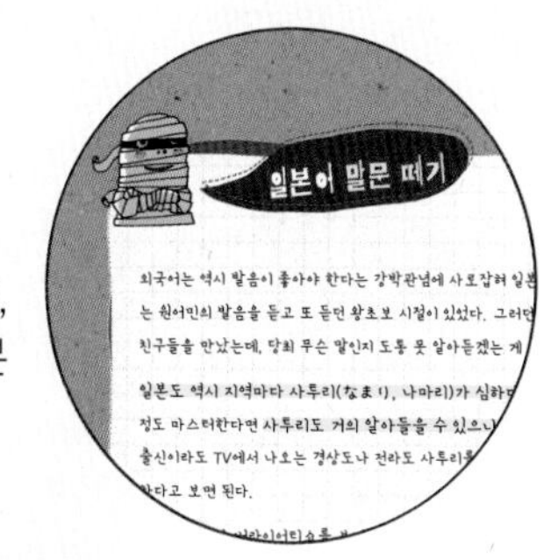

 원어민 음성 파일, 필수 일본어 단어장, 단어시험지

Contents

Contents

日本語

히라가나(ひらがな)

あ	い	う	え	お
a (아)	i (이)	u (우)	e (에)	o (오)
か	き	く	け	こ
ka (카)	ki (키)	ku (쿠)	ke (케)	ko (코)
さ	し	す	せ	そ
sa (사)	si (시)	su (스)	se (세)	so (소)
た	ち	つ	て	と
ta (타)	chi (치)	tsu (츠)	te (테)	to (토)
な	に	ぬ	ね	の
na (나)	ni (니)	nu (누)	ne (네)	no (노)
は	ひ	ふ	へ	ほ
ha (하)	hi (히)	hu (후)	he (헤)	ho (호)
ま	み	む	め	も
ma (마)	mi (미)	mu (무)	me (메)	mo (모)
や		ゆ		よ
ya (야)		yu (유)		yo (요)
ら	り	る	れ	ろ
ra (라)	ri (리)	ru (루)	re (레)	ro (로)
わ		を		ん
wa (와)		wo (오)		n (응)

가타카나(カタカナ)

ア	イ	ウ	エ	オ
a (아)	i (이)	u (우)	e (에)	o (오)
カ	キ	ク	ケ	コ
ka (카)	ki (키)	ku (쿠)	ke (케)	ko (코)
サ	シ	ス	セ	ソ
sa (사)	si (시)	su (스)	se (세)	so (소)
タ	チ	ツ	テ	ト
ta (타)	chi (치)	tsu (츠)	te (테)	to (토)
ナ	ニ	ヌ	ネ	ノ
na (나)	ni (니)	nu (누)	ne (네)	no (노)
ハ	ヒ	フ	ヘ	ホ
ha (하)	hi (히)	hu (후)	he (헤)	ho (호)
マ	ミ	ム	メ	モ
ma (마)	mi (미)	mu (무)	me (메)	mo (모)
ヤ		ユ		ヨ
ya (야)		yu (유)		yo (요)
ラ	リ	ル	レ	ロ
ra (라)	ri (리)	ru (루)	re (레)	ro (로)
ワ		ヲ		ン
wa (와)		wo (오)		n (응)

탁음

が	ぎ	ぐ	げ	ご
ga (가)	gi (기)	gu (구)	ge (게)	go (고)
ざ	じ	ず	ぜ	ぞ
za (자)	zi (지)	zu (즈)	ze (제)	zo (조)
だ	ぢ	づ	で	ど
da (다)	zi (지)	zu (즈)	de (데)	do (도)
ば	び	ぶ	べ	ぼ
ba (바)	bi (비)	bu(부)	be (베)	bo (보)

반탁음

ぱ	ぴ	ぷ	ぺ	ぽ
pa (파)	pi (피)	pu (푸)	pe (페)	po (포)

맘 잡고 공부 시작!

맘 잡고 일본어 공부 시작하는 첫날! 오늘은 일본어 문장의 기본 패턴인 A는 B입니다와 부정 패턴인 A는 B가 아닙니다에 대해 알아보도록 하자. 쉽게 말하면, '나는 한국 사람입니다'와 '나는 일본사람이 아닙니다'를 만드는 방법을 배워보자는 것인데, 이 두 문장만 가지고도 얼마나 많은 표현을 할 수 있는지, 여러분 스스로도 놀라게 될 것이다!

Point

A와 B데스

A는 B입니다 = AはBです

は(와)는 주격조사 ~은, 는이고 です(데스)는 ~입니다라는 뜻이다. 여기서 하나 주의해야 할 것은 원래 は는 단어로는 하로 발음하지만, 조사로 쓰일 경우에는 와로 발음한다는 것이다. 이제 문장을 큰 소리로 읽어보자.

01 나는 바보입니다.	私(わたし)はばかです。 와따시와바까데스
02 그는 일본사람입니다.	彼(かれ)は日本人(にほんじん)です。 카레와니혼징데스
03 그녀는 학생입니다.	彼女(かのじょ)は学生(がくせい)です。 카노죠와각세-데스
04 취미는 요리입니다.	趣味(しゅみ)は料理(りょうり)です。 슈미와료-리데스
05 차는 BMW입니다.	車(くるま)はBMWです。 쿠루마와비에무다브류데스
06 노래방은 저쪽입니다.	カラオケはあちらです。 카라오께와아찌라데스
07 회사는 시부야입니다.	会社(かいしゃ)は渋谷(しぶや)です。 카이샤와시부야데스
08 이것은 초밥입니다.	これは寿司(すし)です。 코레와스시데스
09 바보는 당신입니다.	ばかはあなたです。 바까와아나따데스
10 꿈은 가수입니다.	夢(ゆめ)は歌手(かしゅ)です。 유메와카슈데스

Point

A와 B쟈아리마셍(데와아리마셍)

A는 B가 아닙니다 = AはBじゃありません(ではありません)

じゃ(쟈)는 では(데와)의 회화체 축약형이므로 ではありません(데와아리마셍)보다 じゃありません(쟈아리마셍)이 캐주얼한 회화체에서 더욱 많이 쓰인다. 그러니 우리도 じゃありません으로 연습하기로 하자.

01 나는 바보가 아닙니다. 私(わたし)はばかじゃありません。 와따시와바까쟈아리마셍

02 그는 일본사람이 아닙니다. 彼(かれ)は日本人(にほんじん)じゃありません。 카레와니혼징쟈아리마셍

03 그녀는 학생이 아닙니다. 彼女(かのじょ)は学生(がくせい)じゃありません。 카노죠와각세-쟈아리마셍

04 취미는 요리가 아닙니다. 趣味(しゅみ)は料理(りょうり)じゃありません。 슈미와료-리쟈아리마셍

05 차는 BMW가 아닙니다. 車(くるま)はBMWじゃありません。 쿠루마와비에무다브류쟈아리마셍

06 노래방은 저쪽이 아닙니다. カラオケはあちらじゃありません。 카라오께와아찌라쟈아리마셍

07 회사는 시부야가 아닙니다. 会社(かいしゃ)は渋谷(しぶや)じゃありません。 카이샤와시부야쟈아리마셍

08 이것은 초밥이 아닙니다. これは寿司(すし)じゃありません。 코레와스시쟈아리마셍

09 바보는 당신이 아닙니다. ばかはあなたじゃありません。 바까와아나따쟈아리마셍

10 꿈은 가수가 아닙니다. 夢(ゆめ)は歌手(かしゅ)じゃありません。 유메와카슈쟈아리마셍

∞ 다음 문장을 만들어보자. 틀려도 좋다. 눈이 자꾸 정답을 보려 해도 손바닥으로 가리고 내 힘으로 말해보자.

01 나는 바람둥이입니다. (나: 私(わたし) 와따시, 바람둥이: すけべ 스케베)

→ ____________________

02 나는 바람둥이가 아닙니다.

→ ____________________

03 남자 친구는 백수입니다. (남자 친구: 彼氏(かれし) 카레시, 백수: ニート 니-또)

→ ____________________

04 남자 친구는 백수가 아닙니다.

→ ____________________

05 그것은 거짓말입니다. (그것: それ 소레, 거짓말: うそ 우소)

→ ____________________

06 그것은 거짓말이 아닙니다.

→ ____________________

07 여기는 화장실입니다. (여기: ここ 코꼬, 화장실: トイレ 토이레)

→ ____________________

08 여기는 화장실이 아닙니다.

→ ____________________

09 그는 대머리입니다. (그: 彼(かれ) 카레, 대머리: はげ 하게)

→ ____________________

10 그는 대머리가 아닙니다.

→ ____________________

p.18 정답

01 私(わたし)はすけべです。

02 私(わたし)はすけべじゃありません。

03 彼氏(かれし)はニ-トです。

04 彼氏(かれし)はニ-トじゃありません。

05 それはうそです。

06 それはうそじゃありません。

07 ここはトイレです。

08 ここはトイレじゃありません。

09 彼(かれ)ははげです。

10 彼(かれ)ははげじゃありません。

일본어 자판을 치기 위해서는 일본어 자판을 직접 입력하는 방식과 영어 발음으로 간접적으로 입력하는 방식이 있다. 여기서는 좀 더 일반적으로 사용되는 영어 발음 입력 방식(로마자 입력 방식)을 알아보도록 하자.

먼저, 컴퓨터를 설정하는 법. 운영체제가 윈도우 10이라는 가정 하에 설명하자면, [설정]→[시간 및 언어]→[언어]로 들어가 [언어 추가]에서 일본어를 추가해주면 끝.

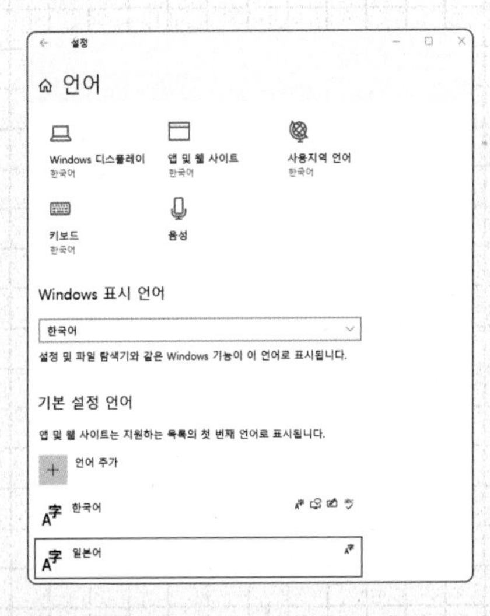

이렇게 추가를 하고 모니터 오른쪽 아래에 있는 작업 표시줄의 [한]을 누르면 입력기가 변환된다. 단축키를 쓰면 조금 더 편리한데, 왼쪽의 [Alt+Shift]를 누르면 한국어든 일본어든 입력 방법을 선택할 수 있는 상태가 된다.

<한국어 입력> <일본어 입력>

스마트폰으로 일본어를 사용하는 경우도 있을 것이다. 스마트폰은 기종에 따라 일본어 자판이 지원되는 경우도 있고, 안 되는 경우도 있다. 만약 지원되지 않는다면 일본어 입력기 앱을 다운받아 쓸 수 있다. 지원되는 스마트폰이라면 일반적으로 [설정]→[일반]→[언어 및 입력방식] 또는 [키보드]에 들어가 일본어를 추가해주면 된다. 일본어가 추가되면 키보드의 지구본 아이콘을 눌러 변환시켜 사용하면 된다.

일본어 로마자(Romaji) 입력표

입력하고 싶은 문자	로마자	입력하고 싶은 문자	로마자
あ い う え お	A I U E O	は ひ ふ へ ほ	HA HI HU HE HO
か き く け こ	KA KI KU KE KO	ま み む め も	MA MI MU ME MO
さ し す せ そ	SA SI(SHI) SU SE SO	や ゆ よ	YA YU YO
た ち つ て と	TA TI(CHI) TU(TSU) TE TO	ら り る れ ろ	RA RI RU RE RO
な に ぬ ね の	NA NI NU NE NO	わ を ん	WA WO NN
が ぎ ぐ げ ご	GA GI GU GE GO	だ ぢ づ で ど	DA DI DU DE DO
ざ じ ず ぜ ぞ	ZA ZI ZU ZE ZO	ば び ぶ べ ぼ	BA BI BU BE BO
-	-	ぱ ぴ ぷ ぺ ぽ	PA PI PU PE PO
きゃ きゅ きょ	KYA KYU KYO	にゃ にゅ にょ	NYA NYU NYO
しゃ しゅ しょ	SYA SYU SYO	ひゃ ひゅ ひょ	HYA HYU HYO
ちゃ ちゅ ちょ	CHA CHU CHO	みゃ みゅ みょ	MYA MYU MYO
-	-	りゃ りゅ りょ	RYA RYU RYO
ぎゃ ぎゅ ぎょ	GYA GYU GYO	ぢゃ ぢゅ ぢょ	DYA DYU DYO
じゃ じゅ じょ	ZYA ZYU ZYO	びゃ びゅ びょ	BYA BYU BYO
-	-	ぴゃ ぴゅ ぴょ	PYA PYU PYO

* 작은 あ, い, う, え, お는 각각 la, li, lu, le, lo로 입력한다.

* 촉음(っ)은 뒤에 오는 영문 철자를 2회 입력한다.

  ex) ざっし(잡지) => zassi　　がっこう(학교) => gakkou

* 히라가나 입력 후 엔터(Enter)를 누르면 히라가나 상태로 고정된다.

* 히라가나 입력 후 스페이스(Space)를 누르면 한자로 바뀐다.

이제 우리가 무심코 쓰는 일본어를 일본어 자판으로 쳐보자.

어묵 ODENN → おでん

양파 TAMANEGI → たまねぎ

도시락 BENNTOU → べんとう

생선회 SASIMI → さしみ

윗옷 UWAGI → うわぎ

손톱깎이 TUMEKIRI → つめきり

야쿠자 YAKUZA → やくざ

가득, 많이 IPPAI → いっぱい

막무가내 MUTEPPOU → むてっぽう

맘 잡고 공부 시작!

격조사, 부조사, 접속조사, 종조사, 일본어는 무슨 조사가 이렇게 많아!?

외워도, 외워도, 헷갈려! ┐(—へ—)┌

일단! 제일 자주 쓰는 조사 딱 10개만 외우자.

조사 10개만 알아도 웬만한 기본 문장은 다 만들 수 있다!

조사하면 다 나와!!

워래…?

무작정 외워놓고 보는 **조사 10개**

01 は	~은, ~는	わたしは天使(てんし)です 와따시와텐시데스	나는 천사입니다
02 か	~까?	お元気(げんき)ですか 오겡끼데스까	잘 지내십니까
03 が	~이, ~가	わたしが最高(さいこう) 와따시가사이꼬-	내가 최고
04 の	~의	わたしの本(ほん) 와따시노홍	나의 책
	~의 것	わたしのです 와따시노데스	나의 것입니다
05 を	~을, ~를	コーヒーをください 코-히-오쿠다사이	커피를 주세요
06 に	~에(장소, 시간)	家(うち)にいます 우찌니이마스	집에 있습니다
	~에게(대상)	友達(ともだち)に話(はな)した 토모다찌니하나시따	친구에게 말했다
07 で	~에서(장소)	明洞(ミョンドン)で会(あ)う 몽동데아우	명동에서 만나다
	~으로(수단)	バスで行(い)きます 바스데이끼마스	버스로 갑니다
08 と	~와, ~랑	ミルクとパン 미루꾸또팡	우유랑 빵
09 も	~도	わたしもばかです 와따시모바까데스	나도 바보입니다
10 から, まで	~부터 ~까지	2時(じ)から3時(じ)まで 니지까라산지마데	2시부터 3시까지

∞ 적당한 조사를 넣어 문장을 완성해보자. 정답은 다음 페이지에 있지만, 일단 보지 말고 내 힘으로 말해보자.

01 나는 부자입니다. (나: 私(わたし) 와따시, 부자: お金持(かねも)ち 오카네모찌)

→ ____________________

02 바보입니까? (바보: ばか 바까)

→ ____________________

03 사진이 취미입니다. (사진: 写真(しゃしん) 샤싱, 취미: 趣味(しゅみ) 슈미)

→ ____________________

04 누구의 친구입니까? (누구: だれ 다레, 친구: 友達(ともだち) 토모다찌)

→ ____________________

05 전화를 주세요. (전화: 電話(でんわ) 뎅와, 주세요: ください 쿠다사이)

→ ____________________

06 선생님은 교실에 있습니다.
(선생님: 先生(せんせい) 센세-, 교실: 教室(きょうしつ) 쿄-시쯔, 있습니다: います 이마스)

→ ____________________

07 신주쿠에서 만납시다. (신주쿠: 新宿(しんじゅく) 신쥬꾸 , 만납시다: 会(あ)いましょう 아이마쇼-)

→ ____________________

08 녹차랑 카푸치노를 주세요. (녹차: 緑茶(りょくちゃ) 료꾸챠, 카푸치노: カプチ-ノ 카푸치-노)

→ ____________________

09 이것도 책입니까? (이것: これ 코레, 책: 本(ほん) 홍)

→ ____________________

10 콘서트는 오늘부터 내일까지입니다.
(콘서트: コンサ-ト 콘사-또, 오늘: 今日(きょう) 쿄-, 내일: 明日(あした) 아시따)

→ ____________________

p.25 정답

01 わたしはお金持(かねも)ちです。

02 ばかですか。

03 写真(しゃしん)が趣味(しゅみ)です。

04 だれの友達(ともだち)ですか。

05 電話(でんわ)をください。

06 先生(せんせい)は教室(きょうしつ)にいます。

07 新宿(しんじゅく)で会(あ)いましょう。

08 緑茶(りょくちゃ)とカプチ-ノをください。

09 これも本(ほん)ですか。

10 コンサ-トは今日(きょう)から明日(あした)までです。

무작정 외워놓고 보는 **위치 표현 10개**

Point

上(うえ) 우에	前(まえ) 마에	右(みぎ) 미기	中(なか) 나까	横(よこ) 요꼬
위	앞	오른쪽	안	옆
下(した) 시따	後ろ(うしろ) 우시로	左(ひだり) 히다리	外(そと) 소또	そば 소바
아래	뒤	왼쪽	밖	곁, 근처

01 책은 책상 위에 있다.
本(ほん)は机(つくえ)の上(うえ)にある。
홍와츠꾸에노우에니아루

02 가방은 의자 아래에 있다.
かばんは椅子(いす)の下(した)にある。
카방와이스노시따니아루

03 공원 앞에 빵집이 있다.
公園(こうえん)の前(まえ)にパン屋(や)がある。
코-엔노마에니팡야가아루

04 리모컨은 TV 뒤에 있다.
リモコンはテレビの後ろ(うしろ)にある。
리모꽁와테레비노우시로니아루

05 휴지통은 냉장고 오른쪽에 있다.
ゴミ箱(ばこ)は冷蔵庫(れいぞうこ)の右(みぎ)にある。
고미바꼬와레-조-꼬노미기니아루

06 스위치는 침대 왼쪽에 있다.
スイッチはベッドの左(ひだり)にある。
스잇찌와벳또노히다리니아루

07 지갑은 가방 안에 있다.
財布(さいふ)はかばんの中(なか)にある。
사이후와카방노나까니아루

08 밖은 춥다.
外(そと)はさむい。
소또와사무이

09 컴퓨터 옆에 있다.
パソコンの横(よこ)にある。
파소꽁노요꼬니아루

10 내 곁에는 아무도 없다.
私(わたし)のそばにはだれもいない。
와따시노소바니와다레모이나이

외국어는 역시 발음이 좋아야 한다는 강박관념에 사로잡혀 일본어 교재 CD에서 나오는 원어민의 발음을 듣고 또 듣던 왕초보 시절이 있었다. 그러던 어느 날 오사카 출신 친구들을 만났는데, 당최 무슨 말인지 도통 못 알아듣겠는 게 아닌가! 급좌절~.

일본도 역시 지역마다 사투리(なまり, 나마리)가 심하다. 하지만 표준어를 어느 정도 마스터한다면 사투리도 거의 알아들을 수 있으니 너무 걱정하지 말자. 서울 출신이라도 TV에서 나오는 경상도나 전라도 사투리를 알아듣고 이해하는 것과 비슷하다고 보면 된다.

일본 드라마나 버라이어티쇼를 보면 특히 오사카 사투리를 많이 듣게 될 텐데 오사카가 중심인 간사이 지방 사람들은 사투리를 거의 고치지 않으므로 연예인들도 공중파에서 거침없이 사투리로 방송을 한다. 처음엔 어색해도 자꾸 듣다보면 익숙해진다. 만약 오사카 사투리를 배우고 싶다면 오사카 출신 친구들과 딱 일주일만 붙어 있자. 오사카 사투리는 전염성이 강해 일주일만 같이 있어도 나도 모르게 입에서 사투리가 술술 나오게 될 것이다.

DAY 03

맘 잡고 공부 시작!

어떤 결심이든 처음 시작하고 3일을 넘기기가 어렵지 않은가?

여러분은 오늘로서 작심삼일三日坊主(みっかぼうず, 믹까보-즈)의 고비를

가뿐히 넘기려 하고 있다. 아자아자! 오늘은 숫자 관련 표현들을 몽땅 묶어서 정리해보자!

1. 숫자

1	いち 이찌	10	じゅう 쥬-	100	ひゃく 햐꾸	1000	せん 센
2	に 니	20	にじゅう 니쥬-	200	にひゃく 니햐꾸	2000	にせん 니센
3	さん 산	30	さんじゅう 산쥬-	300	さんびゃく 삼뱌꾸	3000	さんぜん 산젠
4	し(よん) 시(욘)	40	よんじゅう 욘쥬-	400	よんひゃく 욘햐꾸	4000	よんせん 욘센
5	ご 고	50	ごじゅう 고쥬-	500	ごひゃく 고햐꾸	5000	ごせん 고센
6	ろく 로꾸	60	ろくじゅう 로꾸쥬-	600	ろっぴゃく 롭빠꾸	6000	ろくせん 로꾸센
7	しち(なな) 시찌(나나)	70	ななじゅう 나나쥬-	700	ななひゃく 나나햐꾸	7000	ななせん 나나센
8	はち 하찌	80	はちじゅう 하찌쥬-	800	はっぴゃく 합빠꾸	8000	はっせん 핫센
9	きゅう(く) 큐-(쿠)	90	きゅうじゅう 큐-쥬-	900	きゅうひゃく 큐-햐꾸	9000	きゅうせん 큐-센
10	じゅう 쥬-	100	ひゃく 햐꾸	1000	せん 센	10000	いちまん 이찌만

[전화번호 묻기]

전화번호는 몇 번입니까? 電話番号(でんわばんごう)は何番(なんばん)ですか。
덴와방고-와남방데스까

010-345-6789입니다. ゼロいちゼロのさんよんごのろくななはちきゅうです。 제로이찌제로노산욘고노로꾸나나하찌큐-데스

[가격 묻기]

얼마입니까?	いくらですか。 이꾸라데스까
3600엔입니다.	さんぜんろっぴゃく円(えん)です。 산젠롭빠꾸엔데스
15200엔입니다.	いちまんごせんにひゃく円(えん)です。 이찌만고센니햐꾸엔데스
300만엔입니다.	さんびゃくまん円(えん)です。 삼뱌꾸만엔데스

2. 때를 나타내는 말

午前(ごぜん) 고젠	午後(ごご) 고고
오전	오후

夜明け(よあ) 요아께	朝(あさ) 아사	昼(ひる) 히루	夜(よる) 요루	夜中(よなか) 요나까
새벽	아침	낮	저녁	한밤중

月曜日(げつようび) 게쯔요-비	火曜日(かようび) 카요-비	水曜日(すいようび) 스이요-비	木曜日(もくようび) 모꾸요-비	金曜日(きんようび) 킹요-비	土曜日(どようび) 도요-비	日曜日(にちようび) 니찌요-비
월요일	화요일	수요일	목요일	금요일	토요일	일요일

おととい 오또또이	昨日(きのう) 키노-	今日(きょう) 쿄-	明日(あした) 아시따	あさって 아삿떼
그저께	어제	오늘	내일	모레

せんしゅう 先週 센슈-	こんしゅう 今週 콘슈-	らいしゅう 来週 라이슈-
지난주	이번 주	다음 주

せんげつ 先月 센게쯔	こんげつ 今月 콘게쯔	らいげつ 来月 라이게쯔
지난달	이번 달	다음 달

おととし 오또또시	きょねん 去年 쿄넨	ことし 今年 코또시	らいねん 来年 라이넨	さらいねん 사라이넨
재작년	작년	올해	내년	내후년

はる 春 하루	まいにち 毎日 마이니찌	へいじつ 平日 헤-지쯔
봄	매일	평일
なつ 夏 나쯔	まいしゅう 毎週 마이슈-	しゅうまつ 週末 슈-마쯔
여름	매주	주말
あき 秋 아끼	まいつき 毎月 마이쯔끼	げつまつ 月末 게쯔마쯔
가을	매달	월말
ふゆ 冬 후유	まいとし 毎年 마이토시	ねんまつ 年末 넨마쯔
겨울	매년	연말

3. 시간

시(時)		분(分)	
いちじ 1時 이찌지	1시	いっぷん 1分 입뿐	1분
にじ 2時 니지	2시	にふん 2分 니훈	2분
さんじ 3時 산지	3시	さんぷん 3分 삼뿐	3분
よじ 4時 요지	4시	よんぷん 4分 욤뿐	4분
ごじ 5時 고지	5시	ごふん 5分 고훈	5분
ろくじ 6時 로꾸지	6시	ろっぷん 6分 롭뿐	6분
しちじ 7時 시찌지	7시	ななふん 7分 나나훈	7분
はちじ 8時 하찌지	8시	はっぷん 8分 합뿐	8분
くじ 9時 쿠지	9시	きゅうふん 9分 큐-훈	9분
じゅうじ 10時 쥬-지	10시	じゅっぷん 10分 쥽뿐	10분
じゅういちじ 11時 쥬-이찌지	11시	にじゅっぷん 20分 니쥽뿐	20분
じゅうにじ 12時 쥬-니지	12시	さんじゅっぷん 30分 산쥽뿐	30분
なんじ 何時 난지	몇 시	よんじゅっぷん 40分 욘쥽뿐	40분
		ごじゅっぷん 50分 고쥽뿐	50분
		なんぷん 何分 남뿐	몇 분

4. 월, 일(날짜)

월(月)		일(日)	
いちがつ 1月 이찌가쯔	1월	ついたち 1日 츠이따찌	1일
にがつ 2月 니가쯔	2월	ふつか 2日 후쯔까	2일
さんがつ 3月 산가쯔	3월	みっか 3日 믹까	3일
しがつ 4月 시가쯔	4월	よっか 4日 욕까	4일
ごがつ 5月 고가쯔	5월	いつか 5日 이쯔까	5일
ろくがつ 6月 로꾸가쯔	6월	むいか 6日 무이까	6일
しちがつ 7月 시찌가쯔	7월	なのか 7日 나노까	7일
はちがつ 8月 하찌가쯔	8월	ようか 8日 요-까	8일
くがつ 9月 쿠가쯔	9월	ここのか 9日 코꼬노까	9일
じゅうがつ 10月 쥬-가쯔	10월	とおか 10日 토-까	10일
じゅういちがつ 11月 쥬-이찌가쯔	11월	じゅういちにち 11日 쥬-이찌니찌	11일 *11일부터 31일까지는 숫자에 日(にち)만 붙임
じゅうにがつ 12月 쥬-니가쯔	12월	じゅうよっか 14日 쥬-욕까	14일 *24일도 にじゅうよっか로 발음
なんがつ 何月 난가쯔	몇 월	じゅうくにち 19日 쥬-쿠니찌	19일 *じゅうきゅうにち가 아니라 じゅうくにち
		はつか 20日 하쯔까	20일 *예외적인 형태
		なんにち 何日 난니찌	며칠

5. 개수

ひとつ 히또쯔	하나
ふたつ 후따쯔	둘
みっつ 밋쯔	셋
よっつ 욧쯔	넷
いつつ 이쯔쯔	다섯
むっつ 뭇쯔	여섯
ななつ 나나쯔	일곱
やっつ 얏쯔	여덟
ここのつ 코꼬노쯔	아홉
とお 토-	열
いくつ 이꾸쯔	몇 개

6. 사람

一人(ひとり) 히또리	한 명
二人(ふたり) 후따리	두 명
三人(さんにん) 산닝	세 명
四人(よにん) 요닝	네 명
五人(ごにん) 고닝	다섯 명
六人(ろくにん) 로꾸닝	여섯 명
七人(しちにん) 시찌닝	일곱 명
八人(はちにん) 하찌닝	여덟 명
九人(きゅうにん) 큐-닝	아홉 명
十人(じゅうにん) 쥬-닝	열 명
何人(なんにん) 난닝	몇 명

7. 마리

いっぴき 一匹 입삐끼	한 마리
にひき 二匹 니히끼	두 마리
さんびき 三匹 삼비끼	세 마리
よんひき 四匹 욘히끼	네 마리
ごひき 五匹 고히끼	다섯 마리
ろっぴき 六匹 롭삐끼	여섯 마리
ななひき 七匹 나나히끼	일곱 마리
はっぴき 八匹 합삐끼	여덟 마리
きゅうひき 九匹 큐–히끼	아홉 마리
じゅっぴき 十匹 쥽삐끼	열 마리
なんびき 何匹 남비끼	몇 마리

8. 가늘고 긴 것(병/자루)

いっぽん 一本 입뽕	한 병 한 자루
にほん 二本 니홍	두 병 두 자루
さんぼん 三本 삼봉	세 병 세 자루
よんほん 四本 욘홍	네 병 네 자루
ごほん 五本 고홍	다섯 병 다섯 자루
ろっぽん 六本 롭뽕	여섯 병 여섯 자루
ななほん 七本 나나홍	일곱 병 일곱 자루
はっぽん 八本 합뽕	여덟 병 여덟 자루
きゅうほん 九本 큐–홍	아홉 병 아홉 자루
じゅっぽん 十本 쥽뽕	열 병 열 자루
なんぼん 何本 남봉	몇 병 몇 자루

일본인들은 정말 겉과 속이 달라! 뭐야, 칫! 이런 생각에 울컥하는 경우가 많다. 이것은 일본인들이 아마 혼네(ほんね)와 타테마에(たてまえ)를 구분해 사용하기 때문이 아닐까 싶다.

혼네는 본심이고 타메마에는 겉치레 표현이다. 우리는 싫으면 싫다, 아니면 아니라고 직설적으로 표현하는 경우가 많지만 일본인들은 소심한 성격 탓인지 그런 말을 하는 데 약하다. 그래서 부정적인 이야기나 들어서 상대방이 상처받기 쉬운 내용은 혼네(본심)와는 다르게 좋게 돌려말하는 타테마에(겉치레 표현)를 사용한다. 일본인들끼리는 습관이 되어서 그런지 지금 한 말이 혼네인지 타메마에인지를 동물적 감각으로 아는 것 같다. 하지만 우리는 자칫 오해를 하기가 쉽다. 그러니까 무작정 겉 다르고 속 다른 이중인격자! 이렇게 생각하지 말고 일본인과 일본 문화에 대해 좀 더 이해하려는 오픈 마인드를 갖자.

그럼 여기서 테스트! 일본인 친구가 "우리 집에 놀러와."라고 했을 때 여러분이 "응, 그래. 언제 갈까? 내일 시간 괜찮은데 내일 갈게." 이렇게 말하면? 그 친구와는 미묘한 트러블이 생길지도 모른다. 상대방은 인사치레로 한 말일 가능성이 높으니까. 대신 "응, 그래. 다음에 시간되면 꼭 갈게." 이렇게 말하고 넘어가는 게 정답일 가능성이 높다. 그래도 상대방이 한 세 번쯤 계속 오라고 말하면 그때는 진짜, 혼네로 말하는 거니까 못이기는 척 놀러 가기!

맘 잡고 공부 시작!

오늘은 일상적인 표현들과 인사말이다. 어려운 문법은 몰라도 된다! 그냥 외워서 바로 써먹으면 되니 얼마나 좋은가! 일본어를 못해 여행 가기 두려운가? 당신에게는 멋진 보디랭귀지가 있다. 그래도 두렵다면 여기 나오는 일상표현들을 통째로 외워서 뻔뻔하게 사용해보자!

예의 바르게 인사하기

01 처음 뵙겠습니다.	はじめまして。 하지메마시떼
02 잘 부탁드립니다.	どうぞよろしくおねがいします。 도-조요로시꾸오네가이시마스
03 안녕하세요. (아침 인사)	おはようございます。 오하요-고자이마스
04 안녕하세요. (점심 인사)	こんにちは。 콘니찌와 *は는'와'로 발음
05 안녕하세요. (저녁 인사)	こんばんは。 콘방와 *は는'와'로 발음
06 고맙습니다.	ありがとうございます。 아리가또-고자이마스
07 고마워. / 땡큐.	ありがとう。/ サンキュー。 아리가또- / 상큐-
08 천만에요.	どういたしまして。 도-이따시마시떼
09 미안합니다.	すみません。/ ごめんなさい。 스미마셍 / 고멘나사이
10 괜찮습니다.	だいじょうぶです。 다이죠-부데스
11 축하합니다.	おめでとうございます。 오메데또-고자이마스
12 잘 지내시지요?	おげんきですか。 오겡끼데스까
13 예, 잘 지냅니다.	はい、げんきです。 하이, 겡끼데스

14 안녕히 주무세요.	おやすみなさい。 오야스미나사이
15 안녕히 가세요. (헤어질 때)	さようなら。 사요-나라
16 안녕. / 잘 가. (헤어질 때)	じゃね。/ じゃ、またね。/ バイバイ。 쟈네 / 쟈, 마따네 / 바이바이
17 내일 봐. (헤어질 때)	またあした。 마따아시따
18 조심히 가세요.	気(き)をつけてください。 키오쯔께떼쿠다사이
19 실례합니다.	しつれいします。 시쯔레-시마스
20 수고하셨습니다.	おつかれさまでした。 오츠까레사마데시따
21 새해 복 많이 받으세요.	あけましておめでとうございます。 아께마시떼오메데또-고자이마스

물어보고 대답하기

01 누구입니까?	だれですか。 다레데스까
02 어디입니까?	どこですか。 도꼬데스까
03 어느 쪽입니까?	どちらですか。 도찌라데스까
04 언제입니까?	いつですか。 이쯔데스까
05 무엇입니까?	なんですか。 난데스까
06 왜입니까?	どうしてですか。 도-시떼데스까
07 얼마입니까?	いくらですか。 이꾸라데스까
08 몇 개입니까?	いくつですか。 이꾸쯔데스까
09 지금 몇 시입니까?	いま、なんじですか。 이마,난지데스까
10 몇 살입니까?	おいくつですか。 오이꾸쯔데스까
11 예, 그렇습니다.	はい、そうです。 하이,소-데스
12 아니요, 아닙니다.	いいえ、ちがいます。 이-에,치가이마스
13 그렇습니까?	そうですか。 소-데스까

14 정말입니까?	ほんとうですか。 혼또-데스까
15 물론입니다.	もちろんです。 모찌롱데스
16 그렇군요.	なるほどね。 나루호도네
17 예, 알겠습니다.	はい、わかりました。 하이,와까리마시따
18 잘 모르겠습니다.	よくわかりません。 요꾸와까리마셍
19 좋습니다.	いいですよ。/ オッケーです。 이이데스요 / 옥께-데스
20 안 됩니다.	だめです。 다메데스
21 싫습니다.	いやです。 이야데스
22 글쎄요, 그렇군요.	そうですね。 소-데스네
23 괜찮습니다, 됐습니다.	けっこうです。 켁꼬-데스

처음 일본의 술집, 이자까야(居酒屋)에 가서 시원한 생맥주 한 잔을 어떻게 달라고 말해야 하나 무지 고민하다가 일본어 수업 시간에 배운 맥주(ビール, 비-루)라는 단어를 과감히 써서 용기 있게 비-루 쿠다사이(ビールください。)라고 했다. 그런데 병맥주를 갖다주는 게 아닌가! 이게 아닌데...

그렇다! 생맥주는 나마비-루(生ビール)라고 해야 한다. 그리고 보통 500cc는 중간 사이즈 컵이라서 나마츄-(生中)라고 부른다. 그러니 이제 일본에 놀러가서 "500 한 잔 주세요." 라고 주문할 때는 당당하게 나마츄-히또쯔(生中ひとつ)!라고 외쳐라.

기분 좋게 건배할 땐 감빠이(乾杯)!

기분이 더 좋아져서 원샷를 외칠 땐 익끼(一気)!

더욱 흥에 겨워 한 잔 더 추가로 시킬 땐 오까와리(おかわり)라고 말하면 오케이!

맘 잡고 공부 시작!

벌써 공부를 시작한 지 5일째! 대단하다! すごい(스고이)! 스스로를 자랑스럽게 여기자! 오늘도 일상생활에서 꼭 필요한 표현들을 야무지게 모아왔다. 문법에 연연하지 말고 그냥 외워서 써먹으면 되는 표현이니 부담 없이 스타또!

먹고 마실 때 즉시 써먹는 표현

01	배고파요.	お腹(なか)すきました。 오나까스끼마시따
02	배불러요.	お腹(なか)いっぱいです。 오나까입빠이데스
03	목말라요.	のど渇(かわ)きました。 노도카와끼마시따
04	먹고 싶어요.	食(た)べたいです。 타베따이데스
05	라면 먹고 싶어요.	ラーメン食(た)べたいです。 라-멘타베따이데스
06	마시고 싶어요.	飲(の)みたいです。 노미따이데스
07	맥주 마시고 싶어요.	ビール飲(の)みたいです。 비-루노미따이데스
08	맛있겠다.	おいしそう。 오이시소-
09	건배!	かんぱい! 감빠이
10	원샷!	一気(いっき)! 익끼
11	많이 드세요.	たくさん食(た)べてください。 탁상타베떼쿠다사이
12	잘 먹겠습니다.	いただきます。 이타다끼마스
13	맛있어요.	おいしいです。 오이시-데스

14 맛없어요.	まずいです。 마즈이데스
15 매워요.	からいです。 카라이데스
16 달아요.	あまいです。 아마이데스
17 짜요.	しょっぱいです。 숍빠이데스
18 시어요.	すっぱいです。 습빠이데스
19 느끼해요.	あぶらっこいです。 아부락꼬이데스
20 싱거워요.	みずっぽいです。 미즙뽀이데스
21 여기요. (점원을 부를 때)	すみません。 스미마셍
22 메뉴판 주세요.	メニュ-ください。 메뉴-쿠다사이
23 여기서 드실 건가요?	こちらでお召し上がりですか。(め, あ) 코찌라데오메시아가리데스까
24 가지고 가실 겁니까?	お持ち帰りですか。(も, かえ) 오모찌카에리데스까
25 여기서 먹을 겁니다.	ここで食べます。(た) 코꼬데타베마스
26 커피랑 오렌지 주스 주세요.	コーヒーとオレンジジュースください。 코-히-또오렌지쥬-스쿠다사이

27 하나 더 주세요.	もうひとつください。	모-히또쯔쿠다사이
28 물 주세요.	水(みず)ください。	미즈쿠다사이
29 재떨이 주세요.	灰皿(はいざら)ください。	하이자라쿠다사이
30 앞접시 갖다주세요.	取(と)り皿(ざら)ください。	토리자라쿠다사이
31 치워주세요.	かたづけてください。	카따즈케떼쿠다사이
32 포장해 주세요.	つつんでください。	츠쯘데쿠다사이
33 더치페이로 합시다.	割(わ)り勘(かん)にしましょう。	와리깡니시마쇼-
34 제가 낼게요.	私(わたし)がおごります。	와따시가오고리마스
35 맛있는 것 사주세요.	おいしいものおごってください。	오이시-모노오곳떼쿠다사이
36 계산 부탁합니다.	お勘定(かんじょう)おねがいします。	오칸죠-오네가이시마스
37 전부 얼마입니까?	全部(ぜんぶ)でいくらですか。	젬부데이꾸라데스까
38 맛있었습니다.	おいしかったです。	오이시깟따데스
39 잘 먹었습니다.	ごちそうさまでした。	고찌소-사마데시따

쇼핑할 때 즉시 써먹는 표현

01 어서 오세요.	いらっしゃいませ。 이랏샤이마세
02 여기요. (점원을 부를 때)	すみません。 스미마셍
03 얼마에요?	いくらですか。 이꾸라데스까
04 이거 뭐예요?	これはなんですか。 코레와난데스까
05 이거 주세요	これください。 코레쿠다사이
06 비싸요.	高(たか)いです。 타까이데스
07 너무 비싸요.	高(たか)すぎます。 타까스기마스
08 싸요.	安(やす)いです。 야스이데스
09 싸게 해주세요.	安(やす)くしてください。 야스꾸시떼쿠다사이
10 깎아주세요.	まけてください。 마케떼쿠다사이
11 좀 더 싼 것은 없나요?	もう少(すこ)し安(やす)いものはないですか。 모-스꼬시야스이모노와나이데스까
12 좀 더 큰 것은 없나요?	もう少(すこ)し大(おお)きいものはないですか。 모-스꼬시오-끼이모노와나이데스까
13 좀 더 작은 것은 없나요?	もう少(すこ)し小(ちい)さいものはないですか。 모-스꼬시치-사이모노와나이데스까
14 이거 보여주세요.	これ、みせてください。 코레,미세떼쿠다사이

15	다른 것을 보여주세요.	他(ほか)のものをみせてください。 호까노모노오미세떼쿠다사이
16	입어 봐도 됩니까? (상의)	きてみてもいいですか。 키떼미떼모이-데스까
17	입어 봐도 됩니까? (하의)	はいてみてもいいですか。 하이떼미떼모이-데스까
18	신어 봐도 됩니까?	はいてみてもいいですか。 하이떼미떼모이-데스까
19	탈의실은 어디입니까?	試着室(しちゃくしつ)はどこですか。 시챠꾸시쯔와도꼬데스까
20	큽니다.	大(おお)きいです。 오-끼이데스
21	작습니다.	小(ちい)さいです。 치-사이데스
22	좀 끼는데요.	ちょっときついです。 쫏또키쯔이데스
23	잘 어울려요.	よく似合(にあ)います。 요꾸니아이마스
24	이것은 어떠세요?	これはいかがですか。 코레와이까가데스까
25	세일 상품입니까?	セール品(ひん)ですか。 세-루힝데스까
26	품절입니다.	売(う)り切(き)れです。 우리끼레데스
27	그냥 좀 둘러볼게요.	ちょっと見(み)ているだけです。 쫏또미테이루다께데스
28	또 올게요.	またきますね。 마따키마스네

아플 때 즉시 써먹는 표현

01 몸이 좀 안 좋아요.	体(からだ)の調子(ちょうし)がわるいです。 카라다노쵸-시가와루이데스
02 머리가 아파요.	頭(あたま)がいたいです。 아따마가이따이데스
03 배가 아파요.	お腹(なか)がいたいです。 오나까가이따이데스
04 다리가 아파요.	足(あし)がいたいです。 아시가이따이데스
05 목이 아파요.	のどがいたいです。 노도가이따이데스
06 이가 아파요.	歯(は)がいたいです。 하가이따이데스
07 감기 걸렸어요.	風邪(かぜ)をひきました。 카제오히끼마시따
08 열이 있어요.	熱(ねつ)があります。 네쯔가아리마스
09 머리가 욱신욱신 아파요.	頭(あたま)ががんがんします。 아따마가강강시마스
10 어지러워요.	頭(あたま)がくらくらします。 아따마가쿠라쿠라시마스
11 현기증이 나요.	めまいがします。 메마이가시마스
12 콧물이 나와요.	鼻水(はなみず)がでます。 하나미즈가데마스
13 구역질이 나요.	吐気(はきけ)がします。 하끼께가시마스

일본에서 밥을 먹을 때 정말 힘든 점은 반찬이 안 나온다는 것이다. 고작 단무지 같은 장아찌 몇 개. 에휴~ 반찬이 나오는 곳도 가끔 있지만 추가로 반찬을 달라고 하면 계산서에 가격이 추가되니까 좋아라 하며 자꾸 더 달라고 하면 안 된다.

일본의 식사매너도 우리나라와는 조금 다른데, 많이들 알다시피 일본인들은 밥공기를 들고 먹는다는 점. 그리고 숟가락을 잘 사용하지 않는다. 카레라이스나 스프 정도만 숟가락으로 먹고 국도 들어서 입에 대고 젓가락을 사용해서 먹는다. 그리고 일본에서 라면, 우동, 메밀국수 같은 면류를 먹을 때에는 후루룩~ 후루룩~ 소리를 내며 먹자. 우리나라에서는 "아이~ 지저분하게 쩝쩝거리며 먹네!" 라고 흉보겠지만 일본인들은 참 맛있게 먹는다며 칭찬해줄 것이다.

맘 잡고 공부 시작!

일본인들은 친하지 않은 상태에서 사적인 이야기를 하는 것을 좋아하지 않는다. 초면에 나이를 묻거나, 애인이 있는지, 결혼은 했는지, 이런 사적인 질문을 하면 다음부터 당신에게 연락을 하지 않을 수도 있다. 너무 성급하게 친밀함을 표현하면서 다가가면, 일본인들은 흠칫 놀라며 뒤로 한 발짝 물러서는 성향이 있다. 그러니까 일본인 친구를 사귈 때에는 천천히~ 천천히~. 첫 대면이라면 가볍게 날씨 이야기나 사생활을 침해하지 않는 시시한 주제들로 대화를 풀어나가도록!

날씨 이야기할 때 즉시 써먹는 표현

01	날씨 좋네요.	いい天気(てんき)ですね。 이-텡끼데스네
02	날씨가 별로 안 좋네요.	天気(てんき)があまりよくないですね。 텡끼가아마리요꾸나이데스네
03	비가 올 것 같아요.	雨(あめ)が降(ふ)りそうです。 아메가후리소-데스
04	지금 비 와요.	今(いま)、雨(あめ)が降(ふ)っています。 이마,아메가훗떼이마스
05	비가 그쳤어요.	雨(あめ)があがりました。 아메가아가리마시따
06	더워요.	あついです。 아쯔이데스
07	추워요.	さむいです。 사무이데스
08	따뜻해요.	あたたかいです。 아타따까이데스
09	시원해요.	すずしいです。 스즈시-데스
10	후덥지근해요.	むしあついです。 무시아쯔이데스
11	쌀쌀해요.	はださむいです。 하다자무이데스
12	바람이 많이 불어요.	風(かぜ)がつよいです。 카제가츠요이데스

생리현상을 말할 때 즉시 써먹는 표현

01	방귀를 끼다	おならをする 오나라오스루
02	재채기가 나다	くしゃみがでる 쿠샤미가데루
03	하품을 하다	あくびをする 아꾸비오스루
04	코딱지를 파다	鼻(はな)くそをほじる 하나쿠소오호지루
05	코피가 나다	鼻血(はなぢ)がでる 하나지가데루
06	딸꾹질이 나다	しゃっくりがでる 샤꾸리가데루
07	화장실에 가고 싶다	トイレに行(い)きたい 토이레니이끼따이
08	잠시 화장실에 다녀올게요.	ちょっとトイレに行(い)ってきます。 쫏또토이레니잇떼끼마스
09	변비에요.	便秘(べんぴ)です。 벤삐데스
10	토할 것 같아요.	吐(は)きそうです。 하끼소-데스
11	침을 흘리다	よだれをたらす 요다레오타라스
12	땀을 흘리다	汗(あせ)をかく 아세오카꾸

길을 물을 때 즉시 써먹는 표현

01	어디 가십니까?	どこに行(い)きますか。	도꼬니이끼마스까
02	여기는 어디입니까?	ここはどこですか。	코꼬와도꼬데스까
03	어디에 있습니까?	どこにありますか。	도꼬니아리마스까
04	신주쿠 역까지 가고 싶은데요.	新宿駅(しんじゅくえき)まで行(い)きたいですが。	신쥬꾸에끼마데이끼따이데스가
05	역까지 어떻게 갑니까?	駅(えき)までどうやって行(い)きますか。	에끼마데도-얏떼이끼마스까
06	몇 호선을 타야 합니까?	何番線(なんばんせん)にのればいいですか。	남방센니노레바이-데스까
07	몇 번 버스를 타야 합니까?	何番(なんばん)のバスにのればいいですか。	남방노바스니노레바이-데스까
08	어디서 내리면 됩니까?	どこで降(お)りればいいですか。	도꼬데오리레바이-데스까
09	어디서 탑니까?	どこでのりますか。	도꼬데노리마스까
10	갈아타세요.	のりかえてください。	노리까에떼쿠다사이
11	멀어요?	とおいですか。	토오이데스까
12	가까워요?	ちかいですか。	치까이데스까
13	얼마나 걸려요?	どのくらいかかりますか。	도노쿠라이카까리마스까

14	저를 따라 오세요.	私(わたし)についてきてください。 와따시니츠이떼킷떼쿠다사이
15	이 근처에 편의점이 있습니까?	この近(ちか)くにコンビニがありますか。 코노치까꾸니콤비니가아리마스까
16	여기입니다.	ここです。 코꼬데스
17	저기입니다.	あそこです。 아소꼬데스
18	이쪽입니다.	こちらです。 코찌라데스
19	저쪽입니다.	あちらです。 아찌라데스
20	쭉 가세요.	まっすぐ行(い)ってください。 맛스구잇떼쿠다사이
21	우회전하세요.	右(みぎ)にまがってください。 미기니마갓떼쿠다사이
22	좌회전하세요.	左(ひだり)にまがってください。 히다리니마갓떼쿠다사이

명동이나 인사동, 남대문에 가면 일본인 관광객들이 많다. 여러 겹 겹쳐 입은 레이어드 룩 스타일이라든가, 진한 눈 화장, 바람에 나풀나풀 휘날리는 샤기컷에 염색을 강하게 한 헤어스타일, 종종 걸어 다니는 걸음걸이를 보면 한눈에 일본인임을 알 수 있을 것이다. 지도를 보며 길을 찾느라 삼삼오오 서서 고개를 갸웃거리며 고민하는 모습도 흔히 볼 수 있다. 이런 모습을 본다면 과감히 다가가서 말을 걸어라.

도꼬오사가시떼이마스까? (どこをさがしていますか。)

"어디를 찾으세요?" 일본어가 그리 유창할 필요는 없다. 그냥 쭉 가라든가, 저쪽이라든가, 뭐 그렇게만 길을 가르쳐줘도 그들은 여러분의 따뜻한 마음에 감동받을 것이다. 그리고 일본인과 나눈 이 짧은 대화가 여러분의 자신감을 한층 올려줄 것이다.

외국어는 자신감이다. 뻔뻔하게 말해야 한다. "일본어를 잘 못해서 말을 못 걸겠어요." 이런 사람은 평생 일본어를 잘할 수 없다. 못하니까 자꾸 말해봐야 한다. 때로는 그런 완벽주의적인 성격 때문에 당신의 외국어 실력을 늘지 못하는 것일 수도 있다. 머릿속으로 완벽하게 작문한 후 말해야 할 것 같다는 강박관념을 버려라. 일단은 무조건 입에서 뱉어낸 후 틀린 말은 나중에 찾아서 공부하면 된다.

맘 잡고 공부 시작!

문법 공부 없이 그냥 외우기만 하면 되는 표현이 벌써 7일째! 이제부터는 그냥 외워서 말하지 말고 **감정을 넣어서 말해보자.** "예뻐요(카와이-)!", "맛있겠다(오이시소-)!" 라는 말을 책을 읽듯이 무미건조하게 말한다고 생각해 보라. 얼마나 어색한가!

외국어로 말할 땐 밋밋하게 말하는 것보다는

조금 오버해서 말하는 편이 훨씬 낫다.

전화 걸 때 즉시 써먹는 표현

01 여보세요?	もしもし。 모시모시
02 타나카 씨 댁입니까?	田中(たなか)さんのお宅(たく)ですか。 타나까상노오타꾸데스까
03 타나카 씨 바꿔주세요.	田中(たなか)さんおねがいします。 타나까상오네가이시마스
04 누구세요?	どなたですか。 도나따데스까
05 잠시 기다려 주세요.	少々(しょうしょう)お待(ま)ちください。 쇼-쇼-오마찌쿠다사이
06 전화 바꿨습니다.	お電話(でんわ)かわりました。 오뎅와카와리마시따
07 죄송합니다. 잘못 걸었습니다.	すみません、まちがえました。 스미마셍,마찌가에마시따
08 지금 자리에 없습니다만.	ただ今(いま)、席(せき)を外(はず)しておりますが。 타다이마,세끼오하즈시떼오리마스가
09 이따가 다시 걸게요.	また、後(あと)でかけなおします。 마따,아또데카께나오시마스
10 그럼, 다음에 또 전화드리겠습니다.	それでは、またお電話(でんわ)します。 소레데와,마따오뎅와시마스
11 그럼, 끊겠습니다.	それでは、しつれいします。 소레데와,시쯔레-시마스

긍정적인 감정을 표출할 때

번호	한국어	일본어	발음
01	예뻐.	きれい。	키레이
02	귀여워.	かわいい。	카와이-
03	멋져.	すてき。	스떼끼
04	멋져, 잘생겼어.	かっこいい。	각꼬이-
05	최고!	最高(さいこう)!	사이꼬-
06	기분 좋아.	気持(きも)ちいい。	키모찌이-
07	정말로 기뻐.	本当(ほんとう)にうれしい。	혼또-니우레시-
08	좋아해.	好(す)き。	스끼
09	굉장해.	すごい。	스고이
10	훌륭해.	すばらしい。	스바라시-
11	행복해.	幸(しあわ)せ。	시아와세
12	감동했어.	感動(かんどう)した。	칸도-시따
13	힘내요.	がんばってください。	감밧떼쿠다사이
14	파이팅!	ファイト!	화이또

01 싫어.	いや。 이야
02 안 돼.	だめ。 다메
03 슬퍼.	かなしい。 카나시-
04 외로워.	さびしい。 사비시-
05 좀 우울해.	ちょっとゆううつ。 춋또유-우쯔
06 더러워.	きたない。 키따나이
07 귀찮아.	めんどうくさい。 멘도-쿠사이
08 징그러워, 혐오스러워, 재수 없어.	気持(きも)ちわるい。 키모찌와루이
09 촌스러워.	ださい。 다사이
10 깜짝 놀랐어.	びっくりした。 빅꾸리시따
11 이상해.	おかしい。 오까시-
12 피곤해.	つかれた。 츠까레따
13 하지 마.	やめて。 야메떼
14 실망했어.	がっかりした。 각까리시따

15 짜증나, 귀찮아.	うざい。 우자이
16 최악이야.	最悪(さいあく)。 사이아꾸
17 열 받아.	むかつく。 무까쯔꾸
18 재수 없어, 운이 나빠.	ついてない。 츠이떼나이
19 꼴불견이야.	みっともない。 밋또모나이
20 한심해.	なさけない。 나사께나이
21 까불지 마.	ふざけるな。 후자께루나
22 미쳤어.	狂(くる)ってる。 쿠룻떼루
23 이제 지겨워.	もううんざり。 모-운자리
24 바보!	ばか! 바까
25 에잇, 젠장.	ちくしょ。 치꾸쇼-
26 죽고 싶다.	死(し)にたい。 시니따이
27 못 해먹겠다.	やってらんない。 얏떼란나이

학생들이 자주 묻는다. 선생님, 일본어는 띄어쓰기가 없나요? 그렇다. 일본어는 띄어쓰기가 없다. 가끔 띄어쓰기를 하는 책이 있긴 하지만 외국인들을 위한 교재 정도랄까? 그럼 왜? 도대체 왜 일본인들은 띄어쓰기를 안 하는 거예요? 라고 묻는다면. 글쎄... 띄어쓰기를 안 해도 별로 불편하지 않으니까?

물론 일본어 왕초보인 우리들은 띄어쓰기가 없어서 읽는 데 무척 불편하지만... 일본어 문장을 전부 히라가나로 쓴다면 띄어쓰기 없이 읽기는 일본인조차 난감할 것이다. 하지만 일본어는 한자를 쓰지 않는가! 조사나 부사는 보통 히라가나로 쓰지만 그 밖의 명사, 형용사, 동사는 거의 한자로 표기한다. 한자로 된 단어가 자연스럽게 띄어쓰기 기능을 한다고 보면 될 듯하다. 가끔 한자가 어렵다고 처음부터 히라가나로만 문장을 쓰는 학생들이 많은데, 그런 문장은 자기 자신은 읽을 수 있을지 몰라도 다른 사람들은 읽기가 아주 힘들다. 아니, 본인도 나중에는 못 읽는 경우가 허다하다.

그러니까 왕초보 시절부터 일본어를 쓸 때는 쉬운 한자를 섞어서 문장을 쓰는 습관을 기르도록 하자. 그렇게 조금씩 한자와 친하게 지내다 보면 갑자기 한자 때문에 일본어를 포기하고 싶은 불상사를 막을 수 있다.

DAY 08

맘 잡고 공부 시작!

무작정 외워서 써먹는 문장들을 외우느라 수고했어요! おつかれさまでした(오쯔까레사마데시따)! 짝짝짝. 원래 단순암기가 쉬운 듯해도 그게 막상 해보면 쉽지 않다.

오늘부터는 많이들 싫어라 하는 문법 공부가 시작된다. 뭐 문법이라고? 싫어~ 끼야야야~

지금 다들 이렇게 생각하고 한숨을 쉬고 있는가? 그렇다면 속는 셈치고 한 번만 믿어보자. 쉬우면서도 알아두면 회화가 되는 문법도 있다. 먼저 인칭대명사부터, スタート(스타또)!

인칭대명사 적절히 사용하기

わたし 와따시	나: 남녀 상관없이 가장 많이 사용
わたくし 와따꾸시	저: わたし의 공손한 표현으로, 윗사람과 대화할 때, 면접이나 비즈니스 상황에서 사용
あたし 아따시	わたし의 유아용 말투로, 젊은 여자들이 귀여운 척하며 말할 때에도 많이 사용
ぼく 보꾸	나: 격이 없는 사이에서 남자들이 많이 사용하며, 자신을 약간 낮추는 듯한 느낌
おれ 오레	나: ぼく와 함께 남자들이 친구나 손아랫사람 앞에서 편하게 말할 때 사용
あなた 아나따	당신: 한국에서도 그렇지만 일본에서도 상대방을 あなた라고 잘 부르지 않지만, 부부 사이에서 부인이 남편을 부를 때 많이 사용
きみ 君 키미	자네: 선생님이 제자한테, 상사가 부하한테, 윗사람이 아랫사람에게 주로 사용
あんた 안따	너: あなた의 거친 표현으로, 남녀 모두 많이 사용하지만 아주 허물없이 친한 사이에만 사용
おまえ 오마에	너: 친한 친구끼리 허물없이 쓸 때 남자들만 사용
かれ 彼 카레	그: 3인칭 대명사로, '남자 친구'라는 뜻으로도 사용

彼女(かのじょ) 카노죠	그녀: 3인칭 대명사로, '여자 친구'라는 뜻으로도 사용
恋人(こいびと) 코이비또	애인: 한자로 '연인'이라고 쓰고, '애인'이라는 뜻
愛人(あいじん) 아이징	애인: 우리의 '애인'과는 전혀 다른 뜻으로, 부적절한 관계의 '정부'라는 뜻 *일본인 친구에게 자기 애인을 이렇게 소개하면 오해받을 수 있다.
~さん 상	~ 씨: 보통 성 뒤에 붙음
~ちゃん 쨩	さん의 친밀한 말투로, 친한 사람끼리 사용
~様(さま) 사마	さん의 극존칭 하느님 神様(かみさま) 카미사마, 왕 王様(おうさま) 오-사마, 손님 お客様(きゃくさま) 오캬꾸사마
だれ 다레	누구

지시대명사 적절히 사용하기

1. 이것, 저것

これ 코레	이것: 말하는 사람의 주변에 있는 것
それ 소레	그것: 상대방의 주변에 있는 것
あれ 아레	저것: 멀리 떨어져 있는 것
どれ 도레	어느 것

2. 명사를 꾸밀 때

この+(명사) 코노	이: この本(ほん)(이 책) 코노홍
その+(명사) 소노	그: その本(ほん)(그 책) 소노홍
あの+(명사) 아노	저: あの本(ほん)(저 책) 아노홍
どの+(명사) 도노	어느: どの本(ほん)(어느 책) 도노홍

3. 장소

ここ 코꼬	여기
そこ 소꼬	거기
あそこ 아소꼬	저기
どこ 도꼬	어디

4. 방향

こちら 코찌라	이쪽
そちら 소찌라	그쪽
あちら 아찌라	저쪽
どちら 도찌라	어느 쪽

인칭·지시 대명사 활용하기

01 그는 누구입니까?	彼(かれ)はだれですか。 카레와다레데스까
02 나의 애인입니다.	わたしの恋人(こいびと)です。 와따시노코이비또데스
03 그녀는 선생님입니까?	彼女(かのじょ)は先生(せんせい)ですか。 카노죠와센세데스까
04 저 사람은 이케다 씨입니다.	あの人(ひと)は池田(いけだ)さんです。 아노히또와이께다상데스
05 이것은 커피입니까?	これはコーヒーですか。 코레와코-히-데스까
06 예, 그것은 커피입니다.	はい、それはコーヒーです。 하이, 소레와코-히-데스
07 이 가방은 누구의 가방입니까?	このかばんはだれのかばんですか。 코노카방와다레노카방데스까
08 그 가방은 나의 가방입니다.	そのかばんはわたしのかばんです。 소노카방와와따시노카방데스
09 여기는 어디입니까?	ここはどこですか。 코꼬와도꼬데스까
10 하라주쿠는 저기입니다.	原宿(はらじゅく)はあそこです。 하라쥬꾸와아소꼬데스
11 화장실은 어느 쪽입니까?	トイレはどちらですか。 토이레와도찌라데스까
12 화장실은 저쪽입니다.	トイレはあちらです。 토이레와아찌라데스

일본어는 처음에는 쉽지, 하면 할수록 어렵다고 하던데... 라며 미리 겁먹는 학생들이 있다. 뭐 아니라고는 못하겠지만, 긍정적으로 생각해보면 처음이라도 쉬우니 이 얼마나 다행인가!? 학창시절 제2외국어로 잠깐 배운 독일어나 프랑스어도 마음먹고 시작하려면 선뜻 손을 대기 두려운데, 하물며 베트남어나 포르투갈어를 제2외국어로 배우려고 한다면 얼마나 막막할까?

그에 반해 일본어는 우리에게 얼마나 친근한 언어인가? 그리고 다들 처음이라도 쉽다고 하지 않는가? 일단 시작하라. 가타카나가 잘 안 외워진다고 투덜대지만 일주일만 마음먹고 외우면 다 외울 수 있다. 동사나 형용사의 기본 활용이 까다롭긴 해도 힘내서 외우고 연습하면 한 달 안에 충분히 마스터할 수 있다. 일본어가 나중에 어려워진다고 해서, 그 나중이라는 때가 두려워 머뭇거리지 말자. 나중에 어려워지면 그건 그때 가서 또 해결하면 된다. 시작이 반이다. 始め半分(はじめはんぶん)(하지메한붕)。이 책으로 한 달만 꾸준히 해보자!

맘 잡고 공부 시작!

오늘부터는 형용사를 공부해보기로 하자. 형용사는 맛있다, 덥다, 비싸다와 같이 사물의 성질이나 상태를 나타내는 품사이다. 일본어에는 형용사가 두 종류가 있는데, 먼저 い형용사라는 녀석을 많이도 말고 딱 30개만 외우자.

그런데 い형용사가 뭐냐고? い로 끝나는 형용사가 바로 い형용사이다. 회화를 할 때 우리가 늘 쓰는 형용사들이니까, 문법이라 생각하지 말고 일단 눈 딱 감고 단어부터 외우자!

무작정 외워놓고 보는 중요 い형용사

01 맛있다	おいしい 오이시-	11 길다	長い(なが) 나가이
02 재미있다	おもしろい 오모시로이	12 짧다	短い(みじか) 미지까이
03 잘생기다	かっこいい 각꼬이-	13 싸다	安い(やす) 야스이
04 귀엽다	かわいい 카와이-	14 비싸다	高い(たか) 타까이
05 좋다	いい 이-	15 가깝다	近い(ちか) 치까이
06 나쁘다	悪い(わる) 와루이	16 멀다	遠い(とお) 토오이
07 덥다	暑い(あつ) 아쯔이	17 많다	多い(おお) 오-이
08 춥다	寒い(さむ) 사무이	18 적다	少ない(すく) 스꾸나이
09 크다	大きい(おお) 오-끼-	19 빠르다	速い(はや) 하야이
10 작다	小さい(ちい) 치-사이	20 느리다	遅い(おそ) 오소이

21	무섭다	こわい	코와이
22	바쁘다	忙しい (いそが)	이소가시-
23	기쁘다	嬉しい (うれ)	우레시-
24	슬프다	悲しい (かな)	카나시-
25	대단하다	すごい	스고이
26	새롭다	新しい (あたら)	아따라시-
27	어렵다	難しい (むずか)	무즈까시-
28	아름답다	美しい (うつく)	우쯔꾸시-
29	상냥하다	やさしい	야사시-
30	외롭다	さびしい	사비시-

TEST

∞ 다 외웠다면 여기에 です만 붙여보자. 공손한 표현이 된다.

01 나는 귀엽습니다. (나: 私(わたし) 와따시)

→ ______________________________

02 일본 드라마는 재밌습니다. (일본 드라마: 日本(にほん)のドラマ 니혼노도라마)

→ ______________________________

03 구찌 가방은 비쌉니다. (구찌 가방: グッチのバッグ 굿찌노박구)

→ ______________________________

04 영어는 어렵습니다. (영어: 英語(えいご) 에-고)

→ ______________________________

05 제 여자 친구는 무섭습니다. (나: 僕(ぼく) 보꾸, 여자 친구: 彼女(かのじょ) 카노죠)

→ ______________________________

06 이시이 선생님은 상냥합니다. (이시이 선생님: 石井先生(いしいせんせい) 이시-센세-)

→ ______________________________

07 얼굴이 큽니다. (얼굴: 顔(かお) 카오)

→ ______________________________

08 고양이는 빠릅니다. (고양이: 猫(ねこ) 네꼬)

→ ______________________________

09 매일 외롭습니다. (매일: 毎日(まいにち) 마이니찌)

→ ______________________________

10 오늘은 바쁩니다. (오늘: 今日(きょう) 쿄-)

→ ______________________________

11 회사에서 가깝습니다. (회사: 会社(かいしゃ) 카이샤-)

→ ______________________________

12 눈이 작습니다. (눈: 目(め) 메)

→ ______________________________

13 김치는 맛있습니다. (김치: キムチ 키무찌)

→ ______________________________

14 머리가 좋습니다. (머리: 頭(あたま) 아따마)

→ ______________________________

15 다리가 짧습니다. (다리: 足(あし) 아시)

→ ______________________________

p.73, 74 정답

01 私(わたし)はかわいいです。

02 日本(にほん)のドラマはおもしろいです。

03 グッチのバッグは高(たか)いです。

04 英語(えいご)は難(むずか)しいです。

05 僕(ぼく)の彼女(かのじょ)はこわいです。

06 石井先生(いしいせんせい)はやさしいです。

07 顔(かお)が大(おお)きいです。

08 猫(ねこ)は速(はや)いです。

09 毎日(まいにち)さびしいです。

10 今日(きょう)は忙(いそが)しいです。

11 会社(かいしゃ)から近(ちか)いです。

12 目(め)が小(ち)さいです。

13 キムチはおいしいです。

14 頭(あたま)がいいです。

15 足(あし)が短(みじか)いです。

일본어 왕초보 시절에 누가 "커피 드실래요?" 라고 해서, 나는 いいです(이이데스, 좋아요)。라고 대답했는데, 한참을 기다려도 커피를 주지 않아 괜스레 무안해져 자리를 뜬 적이 있다. 쳇, 안 줄 거면 묻지나 말지. 이런 황당한 경우가 있나. 그런데 나중에 알았다. いいです에는 두 가지 뜻이 있다는 것을. 첫 번째는 "좋아요." 라는 수락의 뜻이고, 두 번째는 "됐어요, 괜찮아요." 라는 거절이나 사양의 뜻! 그러면 좋다고 수락할 때와 됐다고 거절할 때를 어떻게 구분해요? 참 어려운 문제다.

일단은 말하는 사람의 어투라던가, 손을 내젓는 손짓이나 표정으로 판단하는 수밖에 없다. 일반적으로 수락할 경우에는 いいですね(이이데스네)와 같이 꼬리에 종조사 하나를 더 붙이는 경우가 많다.

외국어를 공부하다 보면 이렇게 문법이나 책으로 배워서는 구분할 수 없고 생활 속에서 체험으로 익혀야 뉘앙스를 파악할 수 있는 표현들이 있다. 일본에 가서 직접 생활하는 게 모두에게 쉬운 일도 아니고, 도대체 어떻게 하란 말인가? 걱정할 필요 없다. 우리에겐 일본 드라마가 있다. 일본 드라마를 많이 봐라. 간접 체험도 체험이다. 굳이 억지로 외우려 하지 않아도 일본 드라마를 많이 보다보면, 뉘앙스를 파악하는 울트라 초능력이 여러분에게도 생겨날 것이다.

맘 잡고 공부 시작!

い형용사 30개 외우기가 너무 힘들었다고?

그럼 오늘은 반으로 줄여 な형용사를 딱 15개만 외우자!

な형용사가 뭐냐고? 끝이 だ로 끝나는 형용사를 말한다.

뭐 가끔 형용동사라고도 불리지만, 요즘엔 な형용사 라고 쉽게 부르는 게 대세이다.

무작정 외워놓고 보는 중요 な형용사

번호	한국어	일본어	발음
01	좋아하다	好(す)きだ	스끼다
02	싫어하다	きらいだ	키라이다
03	편리하다	便利(べんり)だ	벤리다
04	예쁘다, 깨끗하다	きれいだ	키레-다
05	불쌍하다	かわいそうだ	카와이소-다
06	능숙하다	上手(じょうず)だ	죠-즈다
07	서툴다	下手(へた)だ	헤따다
08	조용하다	静(しず)かだ	시즈까다
09	괜찮다	大丈夫(だいじょうぶ)だ	다이죠-부다
10	필요하다	必要(ひつよう)だ	히쯔요-다
11	친절하다	親切(しんせつ)だ	신세쯔다
12	성실하다	まじめだ	마지메다
13	이상하다	変(へん)だ	헨다
14	멋지다	すてきだ	스떼끼다
15	유명하다	有名(ゆうめい)だ	유-메-다

공손한 표현

공손하게 말하고 싶다면 だ를 뗀 후 です(데스)만 붙이면 된다.

01 여자 친구는 예쁩니다.	彼女(かのじょ)はきれいです。 카노죠와키레-데스
02 정말로 좋아합니다.	本当(ほんとう)に好(す)きです。 혼또-니스끼데스
03 야마시타 씨는 성실합니다.	山下(やました)さんはまじめです。 야마시따상와마지메데스
04 나는 괜찮습니다.	私(わたし)は大丈夫(だいじょうぶ)です。 와따시와다이죠-부데스
05 돈이 필요합니다.	お金(かね)が必要(ひつよう)です。 오까네가히쯔요-데스
06 방은 조용합니다.	部屋(へや)は静(しず)かです。 헤야와시즈까데스
07 일본어가 능숙합니다.	日本語(にほんご)が上手(じょうず)です。 니홍고가죠-즈데스
08 영어가 서툽니다.	英語(えいご)が下手(へた)です。 에-고가헤따데스
09 그는 친절합니다.	彼(かれ)は親切(しんせつ)です。 카레와신세쯔데스
10 아주 싫어합니다.	とてもきらいです。 토떼모키라이데스

11 버스가 편리합니다.	バスが便利(べんり)です。 바스가벤리데스
12 요시다 씨가 불쌍합니다.	吉田(よしだ)さんがかわいそうです。 요시다상가카와이소-데스
13 내 차는 멋집니다.	私(わたし)の車(くるま)はすてきです。 와따시노쿠루마와스떼끼데스
14 헤어스타일이 이상합니다.	髪型(かみがた)が変(へん)です。 카미가따가헨데스
15 여기는 타코야끼가 유명합니다.	ここはたこ焼(や)きが有名(ゆうめい)です。 코꼬와타꼬야끼가유-메-데스

∞ い형용사와 な형용사를 섞어서 말해보자.

01 라면은 쌉니다. (라면: ラ-メン 라-멘)

→

02 회는 맛있습니다. (회: 刺身(さしみ) 사시미)

→

03 화장실은 깨끗합니다. (화장실: トイレ 토이레)

→

04 핸드폰은 비쌉니다. (핸드폰: ケ-タイ 케-따이)

→

05 입이 작습니다. (입: 口(くち) 쿠찌)

→

06 교실은 조용합니다. (교실: 教室(きょうしつ) 쿄-시쯔)

→

07 아이가 불쌍합니다. (아이: 子供(こども) 코도모)

→

08 오늘은 덥습니다. (오늘: 今日(きょう) 쿄-)

→

09 회사가 멉니다. (회사: 会社(かいしゃ) 카이샤)

→

10 한국에서도 유명합니다. (한국: 韓国(かんこく) 캉꼬꾸)

→

11 요즘 일이 바쁩니다. (요즘: 最近(さいきん) 사이낑, 일: 仕事(しごと) 시고또)

→ ____________________

12 모토야마 씨는 멋집니다. (모토야마: 本山(もとやま) 모또야마)

→ ____________________

13 그럭저럭 좋아합니다. (그럭저럭: まあまあ 마-마-)

→ ____________________

14 이 영화는 정말로 재밌습니다. (영화: 映画(えいが) 에-가, 정말로: 本当(ほんとう)に 혼또-니)

→ ____________________

15 하야시 선생님은 친절합니다. (하야시: 林(はやし) 하야시, 선생님: 先生(せんせい) 센세-)

→ ____________________

p.81, 82 정답

입에서 빨리 툭 튀어나오지 않는다면
9일째로 돌아가서 다시 한 번 외우자!

01 ラ-メンは安(やす)いです。

02 刺身(さしみ)はおいしいです。

03 トイレはきれいです。

04 ケ-タイは高(たか)いです。

05 口(くち)が小(ちい)さいです。

06 教室(きょうしつ)は静(しず)かです。

07 子供(こども)がかわいそうです。

08 今日(きょう)は暑(あつ)いです。

09 会社(かいしゃ)が遠(とお)いです。

10 韓国(かんこく)でも有名(ゆうめい)です。

11 最近(さいきん)、仕事(しごと)が忙(いそが)しいです。

12 本山(もとやま)さんはすてきです。

13 まあまあ好(す)きです。

14 この映画(えいが)は本当(ほんとう)におもしろいです。

15 林先生(はやしせんせい)は親切(しんせつ)です。

문법을 몰라도 회화를 하는 데 가장 큰 도움을 주는 품사는 아마도 형용사일 것이다. 그러니 되도록 많이 외워두는 게 좋다. "더워." あつい(아쯔이), "맛있어." おいしい(오이시-), 이렇게 당신이 던지는 한두 마디의 형용사는 분명 당신을 일본어를 잘하는 사람으로 보이게 해줄 테고, 그런 기분 좋은 압박감은 일본어 공부를 할 때 스스로 분발하는 데 도움이 될 것이 틀림없다.

참! 실제 일본어 회화에서 な형용사를 말할 때는 끝에 있는 だ를 떼어버리고 말하라. 꼭 떼어야 하는 것은 아니지만 だ를 떼는 것이 훨씬 부드럽고 자연스럽다. 그러니까 "좋아해."는 すきだ(스키다) 대신 すき(스키)라고 하고, "예쁘다."는 きれいだ(키레-다)보다는 きれい(키레-), "멋지다."라고 말해줄 때에도 すてきだ(스떼끼다)가 아닌 すてき(스떼끼)라고 말하자.

맘 잡고 공부 시작!

무슨 일이든 긍정적인 마인드가 중요하다. 그렇다고 늘 긍정문만 쓸 수는 없지!

그래서 오늘부터는 부정문을 연습해보자.

9일째에서 배운 い형용사부터 시작한다.

い형용사의 부정문 만들기 요령은 간단하다.

끝에 い를 과감히 떼어버리고

꼬리에 くない를 붙여주기만 하면 된다!

난 오줌을 싸지 않았어요!!

い형용사의 부정형 만들기 공식

Point

い → ~~い~~ + くない

01 おいしい(맛있다) 오이시-	おいしくない(맛있지 않다) 오이시꾸나이
02 おもしろい(재미있다) 오모시로이	おもしろくない(재미있지 않다) 오모시로꾸나이
03 さむい(춥다) 사무이	さむくない(춥지 않다) 사무꾸나이
04 あつい(덥다) 아쯔이	あつくない(덥지 않다) 아쯔꾸나이
05 たかい(비싸다) 타까이	たかくない(비싸지 않다) 타까꾸나이
06 やすい(싸다) 야스이	やすくない(싸지 않다) 야스꾸나이
07 かわいい(귀엽다) 카와이-	かわいくない(귀엽지 않다) 카와이꾸나이
08 かっこいい(잘생기다) 칵꼬이-	かっこよくない(잘생기지 않다) 칵꼬요꾸나이

*かっこいい는 かっこいくない가 아니라, かっこよくない로 활용을 한다. 외우자!

09 いい(좋다) 이-	よくない(좋지 않다) 요꾸나이

*いい는 よい라고도 하는데, 활용할 때는 항상 よい가 활용을 한다. 외우자!

10 わるい(나쁘다) 와루이	わるくない(나쁘지 않다) 와루꾸나이

부정형의 공손한 표현

공손하게 말하고 싶으면 여기에 です(데스)만 더 붙여주면 된다.

01 はやい (빠르다) 하야이	はやくないです(빠르지 않습니다) 하야꾸나이데스
02 おそい (느리다) 오소이	おそくないです(느리지 않습니다) 오소꾸나이데스
03 こわい (무섭다) 코와이	こわくないです(무섭지 않습니다) 코와꾸나이데스
04 いそがしい (바쁘다) 이소가시-	いそがしくないです(바쁘지 않습니다) 이소가시꾸나이데스
05 うれしい (기쁘다) 우레시-	うれしくないです(기쁘지 않습니다) 우레시꾸나이데스
06 かなしい (슬프다) 카나시-	かなしくないです(슬프지 않습니다) 카나시꾸나이데스
07 さびしい (외롭다) 사비시-	さびしくないです(외롭지 않습니다) 사비시꾸나이데스
08 むずかしい (어렵다) 무즈까시-	むずかしくないです(어렵지 않습니다) 무즈까시꾸나이데스
09 すごい (대단하다) 스고이	すごくないです(대단하지 않습니다) 스고꾸나이데스
10 やさしい (상냥하다) 야사시-	やさしくないです(상냥하지 않습니다) 야사시꾸나이데스

∞ 2일째에 배운 조사를 써서 다음 문장을 만들어보자.

01 나는 당신이 무섭지 않습니다. (나: 私(わたし) 와따시, 당신: あなた 아나따, 무섭다: 怖(こわ)い 코와이)

→ ______________________________

02 버스는 빠르지 않다. (버스: バス 바스, 빠르다: 速(はや)い 하야이)

→ ______________________________

03 일본어는 어렵지 않습니다. (일본어: 日本語(にほんご) 니홍고, 어렵다: 難(むずか)しい 무즈까시-)

→ ______________________________

04 일요일은 바쁘지 않습니다. (일요일: 日曜日(にちようび) 니찌요-비, 바쁘다: 忙(いそが)しい 이소가시-)

→ ______________________________

05 어묵은 맛있지 않다. (어묵: おでん 오뎅, 맛있다: おいしい 오이시-)

→ ______________________________

06 BMW는 싸지 않습니다. (싸다: 安(やす)い 야스이)

→ ______________________________

07 타코야끼는 비싸지 않습니다. (타코야끼: たこ焼(や)き 타꼬야끼, 비싸다: 高(たか)い 타까이)

→ ______________________________

08 야마다 선생님은 상냥하지 않다. (상냥하다: やさしい 야사시-)

→ ______________________________

09 명동까지 멀지 않습니다. (멀다: 遠(とお)い 토오이)

→ ______________________________

10 내 얼굴은 작지 않습니다. (얼굴: 顔(かお) 카오, 작다: 小(ち)さい 치-사이)

→ ______________________________

11 오늘은 춥지 않다. (오늘: 今日(きょう) 쿄-, 춥다: 寒(さむ)い 사무이)

→ ______________________________

12 이 선물은 기쁘지 않습니다.

(이: この 코노, 선물: プレゼント 프레젠또, 기쁘다: うれしい 우레시-)

→ ______________________________

13 사유리 짱은 귀엽지 않습니다. (귀엽다: かわいい 카와이-)

→ ______________________________

14 친구는 머리가 좋지 않습니다. (친구: 友達(ともだち) 토모다찌, 머리: 頭(あたま) 아따마, 좋다: いい 이-)

→ ______________________________

15 두 개는 많지 않다. (두 개: 二(ふた)つ 후따쯔, 많다: 多(おお)い 오-이)

→ ______________________________

p.88, 89 정답

01 私(わたし)はあなたが怖(こわ)くないです。

02 バスは速(はや)くない。

03 日本語(にほんご)は難(むずか)しくないです。

04 日曜日(にちようび)は忙(いそが)しくないです。

05 おでんはおいしくない。

06 BMWは安(やす)くないです。

07 たこ焼(や)きは高(たか)くないです。

08 山田先生(やまだせんせい)はやさしくない。

09 ミョンドンまで遠(とお)くないです。

10 私(わたし)の顔(かお)は小(ち)さくないです。

11 今日(きょう)は寒(さむ)くない。

12 このプレゼントはうれしくないです。

13 さゆりちゃんはかわいくないです。

14 友達(ともだち)は頭(あたま)がよくないです。

15 二(ふた)つは多(おお)くない。

가끔 일본의 전문학교가 우리나라의 전문대학이냐고 묻는 학생들이 있다. 대답은 NO! 일본의 대학은 크게 대학(4년제), 단기대학(2, 3년제), 전문학교(1~4년제)가 있다. 우리나라의 전문대학에 해당하는 것이 바로 단기대학이다. 단기대학은 그 수가 적고 외국인이 진학하는 경우는 드물다. 그럼 전문학교는? 말 그대로 실생활이나 취업에 필요한 전문 기술을 배우는 학교이다.

보통 방송, 통신, 미용, 사진, 요리, 통번역, 컴퓨터 그래픽 관련 전문학교들이 많으며, 취업에 필요한 기술 습득을 위해 입학하는 유학생들도 많다. 전문학교를 졸업하면 전문사나 고도 전문사라는 자격이 주어지는데, 일본에서 편입이나 취업을 할 경우에는 별로 문제없지만, 아직까지 한국에서는 학위가 인정되고 있지 않다. 그렇지만 전문학교 졸업생이 실력만 있다면 일본에서 취직해 경력을 쌓고 한국에 돌아와 재취업하는 경우도 있으므로 학위가 없어 취업에 불리하다고는 말하기 어려울 것 같다.

일본으로 유학을 가고 싶은가? 그러면 먼저 자신이 앞으로 무슨 일을 하고 싶은지 스스로에게 물어보고 뚜렷한 청사진을 그려라. 단지 일본어를 잘하고 싶다면 일본어 학교에 가서 어학연수를 하고 돌아와도 좋을 것이고, 학문적으로 조금 더 깊이 있는 공부를 하고 싶다면 대학이나 대학원의 시험 전형을 알아보라. 패션, 미용, 영상, 요리의 전문가가 되고 싶다면 전문학교를 노크해봐도 좋을 것이다.

맘 잡고 공부 시작!

"오늘은 춥지 않아요."

今日(きょう)はさむくないです(쿄-와사무꾸나이데스)。

이 말이 금방 입에서 툭하고 나왔다면 い형용사의 부정형도 문제없고!

앗싸! 이제 슬슬 과거형으로 넘어가보자.

과거형은 い를 과감하게 떼어낸 후,

かった(깟따)를 붙이면 된다.

그럼 과거형 연습 시작!

い형용사의 과거형 만들기

Point

い → ~~い~~ + かった

01 おいしい (맛있다)
오이시-
おいしかった (맛있었다)
오이시깟따

02 おもしろい (재미있다)
오모시로이
おもしろかった (재밌었다)
오모시로깟따

03 さむい (춥다)
사무이
さむかった (추웠다)
사무깟따

04 あつい (덥다)
아쯔이
あつかった (더웠다)
아쯔깟따

05 たかい (비싸다)
타까이
たかかった (비쌌다)
타까깟따

06 やすい (싸다)
야스이
やすかった (쌌다)
야스깟따

07 かわいい (귀엽다)
카와이-
かわいかった (귀여웠다)
카와이깟따

08 かっこいい (잘생기다)
각꼬이-
かっこよかった (잘생겼었다)
각꼬욕깟따

*かっこいい는 かっこいかった가 아니라, かっこよかった로 활용을 한다. 외우자!

09 いい (좋다)
이-
よかった (좋았다)
욕깟따

*いい는 よい라고도 하는데, 활용할 때는 항상 よい가 활용을 한다. 외우자!

10 わるい (나쁘다)
와루이
わるかった (나빴다)
와루깟따

과거형의 공손한 표현

공손하게 말하고 싶으면 여기에 です(데스)만 더 붙여주면 된다.

01 はやい (빠르다)
하야이
はやかったです(빨랐습니다)
하야깟따데스

02 おそい (느리다)
오소이
おそかったです(느렸습니다)
오소깟따데스

03 こわい (무섭다)
코와이
こわかったです(무서웠습니다)
코와깟따데스

04 いそがしい (바쁘다)
이소가시-
いそがしかったです(바빴습니다)
이소가시깟따데스

05 うれしい (기쁘다)
우레시-
うれしかったです(기뻤습니다)
우레시깟따데스

06 かなしい (슬프다)
카나시-
かなしかったです(슬펐습니다)
카나시깟따데스

07 さびしい (외롭다)
사비시-
さびしかったです(외로웠습니다)
사비시깟따데스

08 むずかしい (어렵다)
무즈까시-
むずかしかったです(어려웠습니다)
무즈까시깟따데스

09 すごい (대단하다)
스고이
すごかったです(대단했습니다)
스고깟따데스

10 やさしい (상냥하다)
야사시-
やさしかったです(상냥했습니다)
야사시깟따데스

∞ 이제 긍정형과 부정형, 과거형을 마구 섞어서 말해보자.

01 나는 귀엽습니다. (나: 私(わたし) 와따시, 귀엽다: かわいい 카와이-)

→ ______________________________

02 당신은 귀엽지 않습니다. (당신: あなた 아나따)

→ ______________________________

03 어렸을 때도 귀여웠습니다. (어렸을 때: 小(ち)さい頃(ころ) 치-사이코로)

→ ______________________________

04 나는 친구가 많습니다. (친구: 友達(ともだち) 토모다찌, 많다: 多(おお)い 오-이)

→ ______________________________

05 야마다 씨는 친구가 많지 않습니다. (야마다: 山田(やまだ) 야마다)

→ ______________________________

06 옛날에는 친구도 많았습니다. (옛날: 昔(むかし) 무까시)

→ ______________________________

07 영어는 어렵습니다. (영어: 英語(えいご) 에-고, 어렵다: 難(むずか)しい 무즈까시-)

→ ______________________________

08 일본어는 별로 어렵지 않습니다. (일본어: 日本語(にほんご) 니홍고, 별로: あまり 아마리)

→ ______________________________

09 어제 테스트는 어려웠습니다. (어제: 昨日(きのう) 키노-)

→ ______________________________

10 돈가스는 비쌉니다. (돈가스: とんかつ 톤까쯔, 비싸다: 高(たか)い 타까이)

→ ______________________________

11 커피는 비싸지 않습니다. (커피: コ-ヒ- 코-히-)

→ ______________________________

12 샐러드도 비쌌습니다. (샐러드: サラダ 사라다)

→ ______________________________

13 당신은 외롭습니까? (외롭다: 寂(さび)しい 사비시-)

→ ______________________________

14 나는 전혀 외롭지 않습니다. (전혀: 全然(ぜんぜん) 젠젠)

→ ______________________________

15 언제나 외로웠습니다. (언제나: いつも 이쯔모)

→ ______________________________

p.95, 96 정답

01 私はかわいいです。

02 あなたはかわいくないです。

03 小さい頃もかわいかったです。

04 私は友達が多いです。

05 山田さんは友達が多くないです。

06 昔は友達も多かったです。

07 英語は難しいです。

08 日本語はあまり難しくないです。

09 昨日のテストは難しかったです。

10 とんかつは高いです。

11 コ-ヒ-は高くないです。

12 サラダも高かったです。

13 あなたは寂しいですか。

14 私は全然寂しくないです。

15 いつも寂しかったです。

일본어를 잘하고 싶다면 일본어 문장을 많이 보고, 큰 소리로 따라 읽고, 외워야 한다. 그냥 눈으로만 보고 '아~ 알겠다!' 이해만 하고 넘어가는 학생들이 있는데, 이렇게 공부하면 일본어 말문이 잘 안 터진다. 토익 점수가 높아도 회화가 전혀 안 되는 학생들도 많이 있지 않은가?

그리고 일본어를 많이 들어야 한다. 지금 공부하고 있는 책의 원어민 음성이든, 일본어 동영상 강의든, 일본 드라마, 일본 애니메이션, 뭐든 좋다. 단, 일본 노래는 가사 내용이 난해하거나 문법적으로 맞지 않는 표현이 많으므로 초급 레벨에서는 별로 추천하고 싶지 않다.

공부를 하다 보면 알겠지만 수준이 높아질수록 결국 어휘 싸움이 된다. 오늘부터 당장 눈에 보이는 물건을 일본어로 생각하는 습관을 들여라. 길을 걷다가도 길은 道みち(미찌), 차는 車くるま(쿠루마), 간판은 看板かんばん(캄방), 이렇게 자꾸 일본어로 바꾸는 연습을 해라. 일본어로 모르는 단어가 있으면 수첩이든 손바닥이든 적어뒀다가 나중에 꼭 사전을 찾아보라. 능동적으로 공부한 단어들은 잘 까먹지 않는다.

그렇게 습관을 들이면 나중에는 길을 걷다가도 일본어로 문장을 만드는 수준이 될 것이며, 일본어로 꿈을 꾸게 되는, 일본어 달인의 경지에도 오르게 될 것이다. 이제까지 지겹게 들은 이야기겠지만, 외국어 정복에는 쉽고 편한 지름길도, 왕도도 없다! 많이 듣고, 큰 소리로 읽고 말하며, 반복해서 외우고, 또 외워라.

맘 잡고 공부 시작!

공부를 시작한 지 10일이 훌쩍 지나고 13일째! 와우~!

일주일 만에 포기하는 사람들도 수두룩한데 스스로 대견하다고 머리를 쓰다듬어 주자.

오늘은 な형용사의 부정문이다. 앞에서 い형용사의 부정문도 멋지게 해냈으니

な형용사의 부정문도 문제없다. 바꾸는 요령은 끝에 だ를 떼어내고

じゃない(쟈나이)를 붙여주면 된다.

ではない(데와나이)를 붙여도 되지만,

먼저 회화체인 じゃない로 연습해보자.

な형용사 부정형 만들기

Point

だ → だ+じゃない(ではない)

*ではない의 회화체가 じゃない이다. 여기서는 회화체인 じゃない로 연습하자.

01	すきだ (좋아하다) 스끼다	すきじゃない (좋아하지 않다) 스끼쟈나이
02	きらいだ (싫어하다) 키라이다	きらいじゃない (싫어하지 않다) 키라이쟈나이
03	便利(べんり)だ (편리하다) 벤리다	便利(べんり)じゃない (편리하지 않다) 벤리쟈나이
04	すてきだ (멋지다) 스떼끼다	すてきじゃない (멋지지 않다) 스떼끼쟈나이
05	大丈夫(だいじょうぶ)だ (괜찮다) 다이죠-부다	大丈夫(だいじょうぶ)じゃない (괜찮지 않다) 다이죠-부쟈나이
06	静(しず)かだ (조용하다) 시즈까다	静(しず)かじゃない (조용하지 않다) 시즈까쟈나이
07	必要(ひつよう)だ (필요하다) 히쯔요-다	必要(ひつよう)じゃない (필요하지 않다) 히쯔요-쟈나이
08	親切(しんせつ)だ (친절하다) 신센쯔다	親切(しんせつ)じゃない (친절하지 않다) 신센쯔쟈나이
09	まじめだ (성실하다) 마지메다	まじめじゃない (성실하지 않다) 마지메쟈나이
10	有名(ゆうめい)だ (유명하다) 유-메-다	有名(ゆうめい)じゃない (유명하지 않다) 유-메-쟈나이

부정형의 공손한 표현

공손하게 말하고 싶으면 여기에 です(데스)만 더 붙여주면 된다.

01	すきだ (좋아하다) 스끼다	すきじゃないです (좋아하지 않습니다) 스끼쟈나이데스
02	きらいだ (싫어하다) 키라이다	きらいじゃないです (싫어하지 않습니다) 키라이쟈나이데스
03	べんり 便利だ (편리하다) 벤리다	べんり 便利じゃないです (편리하지 않습니다) 벤리쟈나이데스
04	すてきだ (멋지다) 스떼끼다	すてきじゃないです (멋지지 않습니다) 스떼끼쟈나이데스
05	だいじょうぶ 大丈夫だ (괜찮다) 다이죠-부다	だいじょうぶ 大丈夫じゃないです (괜찮지 않습니다) 다이죠-부쟈나이데스
06	しず 静かだ (조용하다) 시즈까다	しず 静かじゃないです (조용하지 않습니다) 시즈까쟈나이데스
07	ひつよう 必要だ (필요하다) 히쯔요-다	ひつよう 必要じゃないです (필요하지 않습니다) 히쯔요-쟈나이데스
08	しんせつ 親切だ (친절하다) 신센쯔다	しんせつ 親切じゃないです (친절하지 않습니다) 신세쯔쟈나이데스
09	まじめだ (성실하다) 마지메다	まじめじゃないです (성실하지 않습니다) 마지메쟈나이데스
10	ゆうめい 有名だ(유명하다) 유-메-다	ゆうめい 有名じゃないです(유명하지 않습니다) 유-메-쟈나이데스

∞ な형용사 부정형 문장을 만들어보자.

01 키무라 선배는 성실하지 않다.

(키무라: 木村(きむら) 키무라, 선배: 先輩(せんぱい) 셈빠이, 성실하다: まじめだ 마지메다)

→ ______________________________

02 하야시 선생님은 친절하지 않습니다.

(하야시: 林(はやし) 하야시, 선생님: 先生(せんせい) 센세-, 친절하다: 親切(しんせつ)だ 신세쯔다)

→ ______________________________

03 생선회는 좋아하지 않습니다.

(생선회: さしみ 사시미, 좋아하다: 好(す)きだ 스끼다)

→ ______________________________

04 이 화장실은 깨끗하지 않다.

(이: この 코노, 화장실: トイレ 토이레, 깨끗하다: きれいだ 키레-다)

→ ______________________________

05 이것은 일본에서는 유명하지 않습니다.

(이것: これ 코레, 유명하다: 有名(ゆうめい)だ 유-메-다)

→ ______________________________

06 요리는 서툴지 않습니다.

(요리: 料理(りょうり) 료-리, 서툴다: 下手(へた)だ 헤따다)

→ ______________________________

07 일본어가 아직 능숙하지 않습니다.

(일본어: 日本語(にほんご) 니홍고, 아직: まだ 마다, 능숙하다: 上手(じょうず)だ 죠-즈다)

→ ______________________________

08 헤어스타일은 이상하지 않다.

(헤어스타일: ヘアスタイル 헤아스타이루, 이상하다: 変(へん)だ 헨다)

→ ______________________________

09 신주쿠는 조용하지 않다.

(신주쿠: 新宿(しんじゅく) 신쥬쿠, 조용하다: 静(しず)かだ 시즈까다)

→ ______________________________

10 야마다 씨의 차는 멋지지 않다.

(야마다: 山田(やまだ) 야마다, 차: 車(くるま) 쿠루마, 멋지다: すてきだ 스떼끼다)

→ ______________________________

11 여권은 필요하지 않습니다.

(여권: パスポート 파스뽀-또, 필요하다: 必要(ひつよう)だ 히쯔요-다)

→ ______________________________

12 전혀 괜찮지 않습니다.

(전혀: 全然(ぜんぜん) 젠젠, 괜찮다: 大丈夫(だいじょうぶ)だ 다이죠-부다)

→ ______________________________

13 오늘은 한가하지 않다.

(오늘: 今日(きょう) 쿄-, 한가하다: 暇(ひま)だ 히마다)

→ ______________________________

14 버스는 별로 편리하지 않습니다.

(버스: バス 바스, 별로: あまり 아마리, 편리하다: 便利(べんり)だ 벤리다)

→ ______________________________

15 싫어하지 않습니다. 오히려 좋아합니다.

(싫어하다: きらいだ 키라이다, 오히려: むしろ 무시로, 좋아하다: 好(す)きだ 스끼다)

→ ______________________________

p.102, 103 정답

01 木村先輩(きむらせんぱい)はまじめじゃない。

02 林先生(はやしせんせい)は親切(しんせつ)じゃないです。

03 さしみは好(す)きじゃないです。

04 このトイレはきれいじゃない。

05 これは日本(にほん)では有名(ゆうめい)じゃないです。

06 料理(りょうり)は下手(へた)じゃないです。

07 日本語(にほんご)がまだ上手(じょうず)じゃないです。

08 ヘアスタイルは変(へん)じゃない。

09 新宿(しんじゅく)は静(しず)かじゃない。

10 山田(やまだ)さんの車(くるま)はすてきじゃない。

11 パスポ-トは必要(ひつよう)じゃないです。

12 全然大丈夫(ぜんぜんだいじょうぶ)じゃないです。

13 今日(きょう)は暇(ひま)じゃない。

14 バスはあまり便利(べんり)じゃないです。

15 きらいじゃないです。むしろ好(す)きです。

내가 왕초보 일본어 강사 시절에 울컥했던 에피소드가 하나 있다. 오늘처럼 な형용사 수업을 하고 나서 다음 수업을 하려고 교실에 들어갔는데, 글쎄, 칠판 아래에 쪽지가 놓여 있지 않은가? 혹시 러브레터? 떨리는 마음에 종이를 펼쳐봤더니 きらいだ(키라이다)라고 적혀 있지 않은가!!!

노골적으로 "싫어해."라고 쓰다니! 울컥하며 눈물이 핑 돌았다. 학생들이랑 눈도 잘 못 맞추던 새내기 강사였을 때라 그때 나는 마음도 아주 여렸다. 너무 속상해 학생들에게 하소연을 했더니, 학생들이 아마 きれいだ(키레-다, 예쁘다)를 きらいだ(키라이다, 싫어하다)라고 잘못 쓴 것일 거라며 위로해줬다.

아직까지 그 쪽지의 미스터리는 밝혀지지 않고 있다. 누가 쓴 건지, 예쁘다고 써준 건지, 정말 내가 너무 싫어서 그렇게 쓴 건지... 여하튼 오늘 이야기하고 싶은 것은 한 글자 차이에도 단어의 뜻이 엄청나게 차이가 난다는 사실. '님'이라는 글자에 점 하나만 찍으면 '남'이 되는 것처럼. 푸하하~ 그러니까 단어를 외울 때는 언제나 정확하게 외워야 한다는 것을 명심, 또 명심하자!

맘 잡고 공부 시작!

오늘은 な형용사의 과거형을 공부해보자. い형용사의 과거형도 척척 해냈으니 な형용사도 문제 없다. な형용사는 だ로 끝나니까 거기에 살짝 った를 붙여 だった형태로 만들면 된다. 어떤가? 너무나 쉽지 않은가? 얼른 연습해보자!

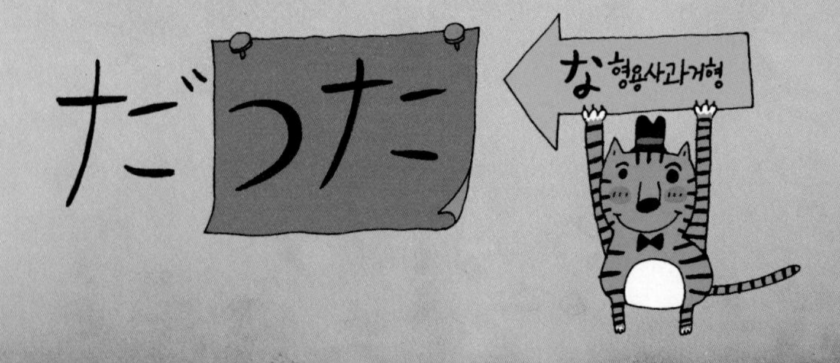

な형용사의 과거형 만들기

Point

だ → だ+った

01	すきだ (좋아하다) 스끼다	すきだった (좋아했다) 스끼닷따
02	きらいだ (싫어하다) 키라이다	きらいだった (싫어했다) 키라이닷따
03	べんり 便利だ (편리하다) 벤리다	べんり 便利だった (편리했다) 벤리닷따
04	すてきだ (멋지다) 스떼끼다	すてきだった (멋졌다) 스떼끼닷따
05	だいじょうぶ 大丈夫だ (괜찮다) 다이죠-부다	だいじょうぶ 大丈夫だった (괜찮았다) 다이죠-부닷따
06	しず 静かだ (조용하다) 시즈까다	しず 静かだった (조용했다) 시즈까닷따
07	ひつよう 必要だ (필요하다) 히쯔요-다	ひつよう 必要だった (필요했다) 히쯔요-닷따
08	しんせつ 親切だ (친절하다) 신세쯔다	しんせつ 親切だった (친절했다) 신세쯔닷따
09	まじめだ (성실하다) 마지메다	まじめだった (성실했다) 마지메닷따
10	ゆうめい 有名だ (유명하다) 유-메-다	ゆうめい 有名だった (유명했다) 유-메-닷따

과거형의 공손한 표현

공손하게 말하고 싶으면 だった를 でした(데시따)로 바꿔주면 된다.

01	すきだ (좋아하다) 스끼다	すきでした (좋아했습니다) 스끼데시따
02	きらいだ (싫어하다) 키라이다	きらいでした (싫어했습니다) 키라이데시따
03	便利(べんり)だ (편리하다) 벤리다	便利(べんり)でした (편리했습니다) 벤리데시따
04	すてきだ (멋지다) 스떼끼다	すてきでした (멋졌습니다) 스떼끼데시따
05	大丈夫(だいじょうぶ)だ (괜찮다) 다이죠-부다	大丈夫(だいじょうぶ)でした (괜찮았습니다) 다이죠-부데시따
06	静(しず)かだ (조용하다) 시즈까다	静(しず)かでした (조용했습니다) 시즈까데시따
07	必要(ひつよう)だ (필요하다) 히쯔요-다	必要(ひつよう)でした (필요했습니다) 히쯔요-데시따
08	親切(しんせつ)だ (친절하다) 신세쯔다	親切(しんせつ)でした (친절했습니다) 신세쯔데시따
09	まじめだ (성실하다) 마지메다	まじめでした (성실했습니다) 마지메데시따
10	有名(ゆうめい)だ (유명하다) 유-메-다	有名(ゆうめい)でした (유명했습니다) 유-메-데시따

∞ 이제 긍정형과 부정형, 과거형을 마구 섞어서 말해보자.

01 당신은 나를 좋아합니까? (당신: あなた 아나따, 나: 私(わたし) 와따시, 좋아하다: 好(す)きだ 스끼다)

→ ______________________________

02 나는 당신을 전혀 좋아하지 않습니다. (전혀: 全然(ぜんぜん) 젠젠)

→ ______________________________

03 정말로 당신을 좋아했습니다. (정말로: 本当(ほんとう)に 혼또-니)

→ ______________________________

04 내 여자 친구는 예쁩니다. (여자 친구: 彼女(かのじょ) 카노죠, 예쁘다: きれいだ 키레-다)

→ ______________________________

05 얼굴은 별로 예쁘지 않습니다. (얼굴: 顔(かお) 카오, 별로: あまり 아마리)

→ ______________________________

06 옛날에는 예뻤습니다. (옛날: 昔(むかし) 무까시)

→ ______________________________

07 타나카 씨는 성실합니다. (타나카: 田中(たなか) 타나까, 성실하다: まじめだ 마지메다)

→ ______________________________

08 타나카 씨의 남자 친구는 성실하지 않습니다. (남자 친구: 彼氏(かれし) 카레시)

→ ______________________________

09 전에는 아주 성실했습니다. (전: 前(まえ) 마에, 아주: とても 토떼모)

→ ______________________________

10 차가 필요합니까? (차: 車(くるま) 쿠루마, 필요하다: 必要(ひつよう)だ 히쯔요-다)

→ ______________________________

11 오늘 차는 필요하지 않습니다. (오늘: 今日(きょう) 쿄-)

→ ______________________

12 돈이 많이 필요했습니다. (돈: お金(かね) 오까네, 많이: たくさん 탁상)

→ ______________________

13 여기는 카레라이스가 유명합니다.

(여기: ここ 코꼬, 카레라이스: カレ-ライス 카레-라이스, 유명하다: 有名だ(ゆうめい) 유-메-다)

→ ______________________

14 한국에서는 별로 유명하지 않습니다. (한국: 韓国(かんこく) 캉꼬꾸)

→ ______________________

15 일본에서는 유명했습니까? (일본: 日本(にほん) 니혼)

→ ______________________

p.109, 110 정답

01 あなたは私(わたし)が好(す)きですか。

02 私(わたし)はあなたが全然(ぜんぜん)好(す)きじゃないです。

03 本当(ほんとう)にあなたが好(す)きでした。

04 私(わたし)の彼女(かのじょ)はきれいです。

05 顔(かお)はあまりきれいじゃないです。

06 昔(むかし)はきれいでした。

07 田中(たなか)さんはまじめです。

08 田中(たなか)さんの彼氏(かれし)はまじめじゃないです。

09 前(まえ)はとてもまじめでした。

10 車(くるま)が必要(ひつよう)ですか。

11 今日(きょう)車(くるま)は必要(ひつよう)じゃないです。

12 お金(かね)がたくさん必要(ひつよう)でした。

13 ここはカレ-ライスが有名(ゆうめい)です。

14 韓国(かんこく)ではあまり有名(ゆうめい)じゃないです。

15 日本(にほん)では有名(ゆうめい)でしたか。

い형용사는 끝에 글자가 い로 끝나니까 い형용사라고 불렀다. 그러면 な형용사는 だ로 끝나는데 왜 な형용사라고 부르지? 뭐야? 왜 그런 거야? 이런 생각을 했다면 당신은 아주 바람직한 학생이다. 이해가 안 된 채로 넘어가버리면 나중에 혼자 문장을 만들어내는 문장력이 생기지 않는다.

な형용사는 왜 な형용사라는 이름을 갖게 된 것일까? 형용사라는 품사의 가장 큰 임무는 바로 명사를 수식하는 일이다. い형용사는 명사를 수식할 때 어미의 변화 없이 그대로 명사를 수식한다. 즉 활용을 하지 않고 순서 그대로 쓰면 오케이!

예를 들면,

- 맛있다(おいしい) + 커피(コーヒー) = 맛있는 커피(おいしいコーヒー)
- 재밌다(おもしろい) + 영화(映画(えいが)) = 재밌는 영화(おもしろい映画(えいが))

하지만 な형용사는 다르다.

- 예쁘다(きれいだ) + 여자 친구(彼女(かのじょ)) = 예쁜 여자 친구(きれいな彼女(かのじょ))

이렇게 명사를 수식할 때 だ가 な로 활용을 하기 때문에 な형용사라고 부르는 것이다. 몇 개만 더 연습해보자. 여러분이 지금 가지고 싶은 건 뭐다?

① 좋아하는 사람 = 好(す)きな人(ひと)
② 멋진 차 = すてきな車(くるま)
③ 조용한 방 = 静(しず)かな部屋(へや)
④ 친절한 일본어 선생님 = 親切(しんせつ)な日本語(にほんご)の先生(せんせい)

맘 잡고 공부 시작!

앞에서 잠깐 형용사의 명사 수식형을 언급했는데 조금 더 연습해보자.

그리고 오늘은 형용사를 마무리하는 날!

연결형을 배워 멋진 문장을 완성해보자!

い형용사의 명사 수식형 만들기

Point

い → い + 명사

*변형 없이 뒤에 명사를 붙이면 된다.

01	いい(좋다) 이-	+	人(ひと)(사람) 히또	= いい人(ひと)(좋은 사람) 이-히또
02	かわいい(귀엽다) 카와이-	+	犬(いぬ)(개) 이누	= かわいい犬(いぬ)(귀여운 개) 카와이-이누
03	高(たか)い(비싸다) 타까이	+	服(ふく)(옷) 후꾸	= 高(たか)い服(ふく)(비싼 옷) 타까이후꾸
04	大(おお)きい(크다) 오-끼-	+	かばん(가방) 카방	= 大(おお)きいかばん(큰 가방) 오-끼-카방
05	おもしろい(재미있다) 오모시로이	+	映画(えいが)(영화) 에-가	= おもしろい映画(えいが)(재미있는 영화) 오모시로이에-가
06	おいしい(맛있다) 오이시-	+	パン(빵) 팡	= おいしいパン(맛있는 빵) 오이시-팡
07	悪(わる)い(나쁘다) 와루이	+	友達(ともだち)(친구) 토모다찌	= 悪(わる)い友達(ともだち)(나쁜 친구) 와루이토모다찌
08	怖(こわ)い(무섭다) 코와이	+	先生(せんせい)(선생님) 센세-	= 怖(こわ)い先生(せんせい)(무서운 선생님) 코와이센세-
09	太(ふと)い(굵다) 후또이	+	足(あし)(다리) 아시	= 太(ふと)い足(あし)(굵은 다리) 후또이아시
10	難(むずか)しい(어렵다) 무즈까시-	+	本(ほん)(책) 홍	= 難(むずか)しい本(ほん)(어려운 책) 무즈까시-홍

な형용사의 명사 수식형 만들기

Point

だ → な + 명사

*だ를 な로 바꾸고 명사를 붙인다.

	な형용사		명사		명사 수식형
01	す 好きだ(좋아하다) 스끼다	+	た もの 食べ物(음식) 타베모노	=	す た もの 好きな食べ物(좋아하는 음식) 스끼나타베모노
02	きらいだ(싫어하다) 키라이다	+	ひと 人(사람) 히또	=	ひと きらいな人(싫어하는 사람) 키라이나히또
03	まじめだ(성실하다) 마지메다	+	がくせい 学生(학생) 각세-	=	がくせい まじめな学生(성실한 학생) 마지메나각세-
04	かんたん 簡単だ(간단하다) 칸딴다	+	もんだい 問題(문제) 몬다이	=	かんたん もんだい 簡単な問題(간단한 문제) 칸딴나몬다이
05	きれいだ(깨끗하다) 키레-다	+	トイレ(화장실) 토이레	=	きれいなトイレ(깨끗한 화장실) 키레-나토이레
06	しず 静かだ(조용하다) 시즈까다	+	きょうしつ 教室(교실) 쿄-시쯔	=	しず きょうしつ 静かな教室(조용한 교실) 시즈까나쿄-시쯔
07	ゆうめい 有名だ(유명하다) 유-메-다	+	はいゆう 俳優(배우) 하이유-	=	ゆうめい はいゆう 有名な俳優(유명한 배우) 유-메-나하이유-
08	べんり 便利だ(편리하다) 벤리다	+	ほうほう 方法(방법) 호-호-	=	べんり ほうほう 便利な方法(편리한 방법) 벤리나호-호-
09	しんせつ 親切だ(친절하다) 신세쯔다	+	みせ 店(가게) 미세	=	しんせつ みせ 親切な店(친절한 가게) 신세쯔나미세
10	へん 変だ(이상하다) 헨다	+	もの(물건) 모노	=	へん 変なもの(이상한 물건) 헨나모노

い형용사의 연결형 만들기

Point

い → ~~い~~ + くて

*い를 떼고 くて형으로 만들면 된다.

01 安(やす)い + おいしい = 安(やす)くておいしい(싸고 맛있다)
야스이 오이시- / 야스꾸떼오이시-

이 빵은 싸고 맛있다.
このパンは安(やす)くておいしい。
코노팡와야스꾸떼오이시-

02 やさしい + おもしろい = やさしくておもしろい(자상하고 재밌다)
야사시- 오모시로이 / 야사시꾸떼오모시로이

내 남자 친구는 자상하고 재밌다.
私(わたし)の彼氏(かれし)はやさしくておもしろい。
와따시노가레시와야사시꾸떼오모시로이

03 かわいい + 賢(かしこ)い = かわいくて賢(かしこ)い(귀엽고 똑똑하다)
카와이- 카시꼬이 / 카와이꾸떼카시꼬이

내 여자 친구는 귀엽고 똑똑합니다.
私(わたし)の彼女(かのじょ)はかわいくて賢(かしこ)いです。
와따시노카노조와카와이꾸떼카시꼬이데스

04 太(ふと)い + 短(みじか)い = 太(ふと)くて短(みじか)い(굵고 짧다)
후또이 미지까이 / 후또꾸떼미지까이

다리가 굵고 짧습니다.
足(あし)が太(ふと)くて短(みじか)いです。
아시가후또꾸떼미지까이데스

05 大(おお)きい + 重(おも)い = 大(おお)きくて重(おも)い(크고 무겁다)
오-끼- 오모이 / 오-끼꾸떼오모이

이 가방은 크고 무겁습니다.
このかばんは大(おお)きくて重(おも)いです。
코노카방와오-끼꾸떼오모이데스

な형용사의 연결형 만들기

Point

だ → だ+で

*だ를 떼고 で형으로 만들면 된다.

01 静(しず)かだ + きれいだ = 静(しず)かできれいだ(조용하고 깨끗하다)
시즈까다 키레-다 시즈까데키레-다

이 방은 조용하고 깨끗하다. この部屋(へや)は静(しず)かできれいだ。
코노헤야와시즈까데키레-다

02 まじめだ + やさしい = まじめでやさしい(성실하고 자상하다)
마지메다 야사시- 마지메데야사시-

야마다 씨는 성실하고 자상합니다. 山田(やまだ)さんはまじめでやさしいです。
야마다상와마지메데야사시-데스

03 便利(べんり)だ + 速(はや)い = 便利(べんり)で速(はや)い(편리하고 빠르다)
벤리다 하야이 벤리데하야이

전철은 편리하고 빠릅니다. 電車(でんしゃ)は便利(べんり)で速(はや)いです。
덴샤와벤리데하야이데스

04 上手(じょうず)だ + かっこいい = 上手(じょうず)でかっこいい(능숙하고 잘생기다)
죠-즈다 각꼬이- 죠-즈데각꼬이-

그는 요리도 잘하고 얼굴도 잘생겼다. 彼(かれ)は料理(りょうり)も上手(じょうず)で顔(かお)もかっこいい。
카레와료-리모죠-즈데가오모각꼬이-

05 親切(しんせつ)だ + おいしい = 親切(しんせつ)でおいしい(친절하고 맛있다)
신세쯔다 오이시- 신세쯔데오이시-

이 식당은 친절하고 맛있습니다. この食堂(しょくどう)は親切(しんせつ)でおいしいです。
코노쇼꾸도-와신세쯔데오이시-데스

이 세상의 모든 여자들, 나이가 적든 많든 간에 가장 듣고 싶은 말은 바로 예쁘다는 말이 아닐까? 일본어로 '예쁘다'는 きれいだ(키레이다)이다. 그렇지만 일본 여자들이 제일 듣고 싶어 하는 말은 바로 かわいい(카와이-)가 아닐까?

어? かわいい는 귀엽다는 뜻 아니에요? 물론 사전적 의미는 '귀엽다'이지만 단순히 귀엽다는 뜻보다는 귀엽고 예쁘다는 뉘앙스가 강하다. 한국에서는 예쁘다고 생각하지 않지만 예의상 귀엽다고 말하기도 하는데, 일본에서는 예뻐야 귀엽다는 말을 한다. 그러니까 일본의 여자 친구들을 만났을 때 かわいい라고 많이 말해주자. 외모뿐만 아니라 귀여운 동물이나 예쁜 옷이나 물건을 보고도 かわいい라고 한다.

그러면 남자는? 멋진 남자나 잘생긴 남자에게는 '멋지다'는 뜻의 かっこいい(각꼬이-)를 쓰면 된다. 그리고 요즘은 인기 있는 남자를 일컬어 いけてる(이께떼루)와 ン(멘)을 합쳐 イケメン(이께멘)이라는 표현도 많이 쓰는데, 여자들의 여심을 흔드는 완소남, 훈남들을 イケメン이라고 부르면 될 것 같다.

맘 잡고 공부 시작!

형용사 활용 연습을 하고 나니 자신감이 많이 붙었을 것이다. 그렇다면 이제 본격적으로 동사에 도전해보자. 일본어를 '룰루랄라~' 시작해서 한 달 만에 '에잇 못하겠어!' 하고 때려치우는 분들은 거의 이 동사란 녀석을 극복하지 못해서이다. 조급하게 생각하지 말고, 누구나 다 어려워하는 부분이니 느긋한 마음으로 하나씩, 하나씩 내 것으로 만들도록 하자.

1. 동사의 특징

먼저 일본어의 동사는 모두 う단으로 끝난다. 이게 무슨 말이냐고? 잠깐 50음도를 떠올려보자.

あ행	か행	さ행	た행	な행	は행	ま행	や행	ら행	わ행	
あ	か	さ	た	な	は	ま	や	ら	わ	ん
い	き	し	ち	に	ひ	み		り		
う	く	す	つ	ぬ	ふ	む	ゆ	る		
え	け	せ	て	ね	へ	め		れ		
お	こ	そ	と	の	ほ	も	よ	ろ	を	

여기서 「아」라고 발음하는 것을 **あ단**,

あ아	か카	さ사	た타	な나	は하	ま마	や야	ら라

「이」라고 발음하는 것을 **い단**,

い이	き키	し시	ち치	に니	ひ히	み미		り리

「우」라고 발음하는 것을 **う단**,

う우	く쿠	す스	つ츠	ぬ누	ふ후	む무	ゆ유	る루

「에」라고 발음하는 것을 **え단**,

え에	け케	せ세	て테	ね네	へ헤	め메		れ레

「오」라고 발음하는 것을 **お단**이라고 한다.

お오	こ코	そ소	と토	の노	ほ호	も모	よ요	ろ로

일본어 동사 활용에는 이 '단'의 개념을 알아야 한다. 그러니까 일본어의 동사는 모두 **う단**의 글자로 끝난다는 말이다. あ단이나 え단으로 끝나는 동사는 없다.

2. 동사의 종류

일본어 동사는 1그룹 동사, 2그룹 동사, 3그룹 동사 이렇게 딱 세 가지로 나눈다. 그럼 어떻게 구분할까? 먼저 **3그룹 동사**는 일명, 불규칙 동사라는 녀석들로 활용할 때 제멋대로 활용을 해, 1그룹과 2그룹에 속하지 못하고 왕따를 당하는 동사들이다. '오다'를 뜻하는 くる(쿠루)와 '하다'를 뜻하는 する(스루) 딱 두 개뿐이다.

2그룹 동사는 무조건 る로 끝나며, る 앞의 글자가 い단이나 え단의 글자가 오는 동사이다.

たべる 타베루(먹다)　마지막 글자 る, 앞의 글자 べ(え단)
おきる 오끼루(일어나다)　마지막 글자 る, 앞의 글자 き(い단)
いじめる 이지메루(괴롭히다)　마지막 글자 る, 앞의 글자 め(え단)

끝으로 **1그룹 동사**는 2그룹과 3그룹을 제외한 모든 동사를 말한다. 마지막 글자가 보통 う(우), つ(츠), る(루), ぬ(누), む(무), ぶ(부), く(쿠), ぐ(구), す(스)로 끝난다.

買う 카우(사다)	**待つ** 마쯔(기다리다)	**乗る** 노루(타다)
死ぬ 시누(죽다)	**飲む** 노무(마시다)	**遊ぶ** 아소부(놀다)
書く 카꾸(쓰다)	**急ぐ** 이소구(서두르다)	**話す** 하나스(이야기하다)

여기서 조심할 것이 있다. 1그룹에도 乗る(노루, 타다), 作る(츠꾸루, 만들다)처럼 る로 끝나는 동사가 있다. 그러나 る 앞의 글자가 い단이나 え단이 아니므로 2그룹이 아니다.

乗る 노루　마지막 글자 る, 앞의 글자 の(お단)
作る 츠꾸루　마지막 글자 る, 앞의 글자 く(う단)

그리고 한 가지 더해, **예외 1그룹 동사**가 있다. 생긴 모습은 2그룹이지만 예외적으로 1그룹으로 인정하는 동사들이다. 예외니까 그냥 외우는 수밖에 없다. 실생활에서 자주 쓰이는 예외 1그룹 동사 딱 7개만 외우자.

帰(かえ)**る** 카에루(돌아가다) **入**(はい)**る** 하이루(들어가다) **知**(し)**る** 시루(알다)
切(き)**る** 키루(자르다) **走**(はし)**る** 하시루(달리다) **要**(い)**る** 이루(필요하다)
しゃべる 샤베루(말하다, 수다 떨다)

지금까지 공부한 내용을 정리해보자.

- 1그룹 동사: ~う, ~つ, ~る, ~ぬ, ~む, ~ぶ, ~く, ~ぐ, ~す로 끝나는 동사
- 2그룹 동사: い단+る로 끝나는 동사
  え단+る로 끝나는 동사
- 3그룹 동사: くる(오다)와 する(하다) 딱 두 개
- 예외 1그룹 동사: 생긴 모양은 2그룹이지만 1그룹 동사

∞ 다음 동사가 몇 그룹에 해당하는지 맞춰보자.

01	休(やす)む 쉬다	1그룹	2그룹	3그룹
02	行(い)く 가다	1그룹	2그룹	3그룹
03	教(おし)える 가르치다	1그룹	2그룹	3그룹
04	帰(かえ)る 돌아가다	1그룹	2그룹	3그룹
05	会(あ)う 만나다	1그룹	2그룹	3그룹
06	作(つく)る 만들다	1그룹	2그룹	3그룹
07	寝(ね)る 자다	1그룹	2그룹	3그룹
08	来(く)る 오다	1그룹	2그룹	3그룹
09	する 하다	1그룹	2그룹	3그룹
10	切(き)る 자르다	1그룹	2그룹	3그룹
11	だます 속이다	1그룹	2그룹	3그룹
12	食(た)べる 먹다	1그룹	2그룹	3그룹
13	待(ま)つ 기다리다	1그룹	2그룹	3그룹
14	遊(あそ)ぶ 놀다	1그룹	2그룹	3그룹
15	死(し)ぬ 죽다	1그룹	2그룹	3그룹

p.123 정답

01 1그룹

02 1그룹

03 2그룹

04 1그룹(예외 1그룹: 모양은 2그룹, 실제로는 1그룹)

05 1그룹

06 1그룹(る로 끝났지만 앞 글자가 う단)

07 2그룹

08 3그룹(무작정 외우기)

09 3그룹(무작정 외우기)

10 1그룹(예외 1그룹: 모양은 2그룹, 실제로는 1그룹)

11 1그룹

12 2그룹

13 1그룹

14 1그룹

15 1그룹

일본어 말문 떼기

일본어 공부의 첫 번째 시련은 아마도 동사에 첫발을 들여놓는 순간이 아닐까. 형용사까지는 어떻게든 잘 버틴 것 같은데, 동사는 도무지 뭐가 뭔지 머릿속이 뒤죽박죽! 私(わたし)は韓国人(かんこくじん)です。나 これは何(なん)ですか。를 공부할 때는 마냥 쉽고 재밌고 그랬는데... 이대로 공부하면 나도 외국어 하나쯤 마스터하겠는 걸~ 으쓱으쓱 했던 그 무한 자신감은 어디로 가고, 좀 쉴까... 아이고 역시 내가 무슨 외국어를 한다고... 이런 회의와 게으름이 동시에 찾아드는 시기가 바로 이때 온다. 그렇다고 여기서 여러분이 동사에 두 손을 들고 만다면 영영 일본어와는 사요나라~ 해야 한다.

그럼 어떻게? 포기하지 않고 반복해서 외우고 연습만 하면 된다. **일본어 동사 활용은 숫자를 넣으면 정답이 정확하게 떨어지는 아주 쉬운 산수 공식과 같다. 동사 활용이 여러분들에게 뛰어난 응용력을 요구하지 않는다는 뜻이다.** 우리가 꼬마일 때 5-3=2의 원리를 처음 익힐 때처럼 동사 활용의 공식을 외우고 약간의 연습만 하면 누구나 다 동사 활용을 마스터할 수 있다. 경험상 100명이 일본어 공부를 시작하면 그중 80명이 동사 활용에서 일본어를 포기한다. 여러분은 어떤가? 이제 상위 20% 안에 진입하려 한다. 원어민처럼 말하는 1%도 멀지 않았다! 그러니 힘내라! 그리고 다음 페이지를 힘차게 넘겨서 공부하라!

맘 잡고 공부 시작!

오늘은 동사를 갖고 공손하게 말하는 연습을 하자. 일명 공손체라고 하는 ます(마스)는 우리말로 하면 '~합니다'라는 뜻이다. 16일째에서 배운 동사의 분류만 확실하게 복습되어 있다면 공손체로 바꾸는 것은 식은 죽 먹기다. 1그룹, 2그룹, 3그룹이 아직 헷갈린다고? 그렇다면 앞 장을 한 번 더 읽어보고 시작하자.

무작정 바꿔보는 1그룹 동사의 ます

Point

1그룹 동사의 ます 만들기

[う단] う つ る ぬ む ぶ く ぐ す
↓ ↓ ↓ ↓ ↓ ↓ ↓ ↓ ↓
[い단] い ち り に み び き ぎ し
+
ます(~합니다)

동사는 맨 끝 글자(어미)가 う단으로 끝난다는 것은 이미 알고 있는 사실! 이 어미를 い단으로 바꾸고 ます(마스)를 붙이면 된다.

01 あう(만나다) 아우	あいます(만납니다) 아이마스
02 まつ(기다리다) 마쯔	まちます(기다립니다) 마찌마스
03 のる(타다) 노루	のります(탑니다) 노리마스
04 しぬ(죽다) 시누	しにます(죽습니다) 시니마스
05 のむ(마시다) 노무	のみます(마십니다) 노미마스
06 あそぶ(놀다) 아소부	あそびます(놉니다) 아소비마스
07 かく(쓰다) 카꾸	かきます(씁니다) 카끼마스
08 いそぐ(서두르다) 이소구	いそぎます(서두릅니다) 이소기마스
09 はなす(이야기하다) 하나스	はなします(이야기합니다) 하나시마스

Point

2그룹 동사의 ます 만들기

る → ~~る~~ + ます

る로 끝나는 2그룹 동사의 る를 과감히 떼고 ます를 붙인다.

01	たべる(먹다) 타베루	たべます(먹습니다) 타베마스
02	みる(보다) 미루	みます(봅니다) 미마스
03	おきる(일어나다) 오끼루	おきます(일어납니다) 오끼마스
04	ねる(자다) 네루	ねます(잡니다) 네마스
05	おしえる(가르치다) 오시에루	おしえます(가르칩니다) 오시에마스
06	はじめる(시작하다) 하지메루	はじめます(시작합니다) 하지메마스

Point

3그룹 동사의 ます 만들기

する 스루 → します 시마스(합니다)

くる 쿠루 → きます 키마스(옵니다)

3그룹 동사는 불규칙 동사니까 무조건 외우자.

キスする(키스하다) キスします(키스합니다)
키스스루 키스시마스

ます의 친구들, 시제 변환

Point

ます 마스(합니다) → ません 마셍(안 합니다)
ました 마시따(했습니다)
ませんでした 마셍데시따(안 했습니다)
ましょう 마쇼-(합시다)

ます의 친구들을 소개한다. 1그룹, 2그룹, 3그룹에 상관없이 ます를 살짝 바꿔주기만 하면 되니 아주 쉽다. 바로 연습해보자!

01 いく(1그룹 동사, 가다)
이꾸

⇨ いきます(갑니다)
이끼마스
いきません(안 갑니다)
이끼마셍
いきました(갔습니다)
이끼마시따
いきませんでした(안 갔습니다)
이끼마셍데시따
いきましょう(갑시다)
이끼마쇼-

02 たべる(2그룹 동사, 먹다)
타베루

⇨ たべます(먹습니다)
타베마스
たべません(안 먹습니다)
타베마셍
たべました(먹었습니다)
타베마시따
たべませんでした(안 먹었습니다)
타베마셍데시따
たべましょう(먹읍시다)
타베마쇼-

03 する(3그룹 동사, 하다) ⇨ します(합니다)
스루 시마스

しません(안 합니다)
시마셍

しました(했습니다)
시마시따

しませんでした(안 했습니다)
시마셍데시따

しましょう(합시다)
시마쇼-

TEST

∞ 이제 ます형을 마음껏 바꿔보자.

01 영화를 봅니다. (보다: 見(み)る)

→ 映画(えいが)を________________。

02 신주쿠에서 만납시다! (만나다: 会(あ)う)

→ 新宿(しんじゅく)で________________。

03 커피를 안 마십니다. (마시다: 飲(の)む)

→ コ-ヒ-を________________。

04 메일을 썼습니다. (쓰다: 書(か)く)

→ メ-ルを________________。

05 7시에 일어납니다. (일어나다: 起(お)きる)

→ 7時(じ)に________________。

06 피자를 먹읍시다. (먹다: 食(た)べる)

→ ピザを________________。

07 공부를 안 합니다. (하다: する)

→ 勉強(べんきょう)を________________。

08 버스가 안 옵니다. (오다: くる)

→ バスが________________。

09 집에서 놀았습니다. (놀다: 遊(あそ)ぶ)

→ 家(うち)で________________。

10 일본어를 가르칩니다. (가르치다: 教(おし)える)

→ 日本語(にほんご)を________________。

11 서두릅시다. (서두르다: 急(いそ)ぐ)

→ ________________。

12 내가 말 안 했습니다. (이야기하다: 話(はな)す)

→ 私(わたし)が________________。

p.131 정답

01 見(み)ます

02 会(あ)いましょう

03 飲(の)みません

04 書(か)きました

05 起(お)きます

06 食(た)べましょう

07 しません

08 きません

09 遊(あそ)びました

10 教(おし)えます

11 急(いそ)ぎましょう

12 話(はな)しませんでした

문법은 지루하고 어렵다. 회화는 쉽고 재밌다. 이런 인식 때문일까. 가끔 "선생님 저는요, 문법은 필요 없거든요. 회화만 배우고 싶어요. 문법 말고 회화만 가르쳐주세요." 라고 말하는 학생들이 있다. 그럴 때 나는 단호하게 이렇게 말한다.

"むりです(무리데스)。"

회화만 공부하는 건 무리다. 물론 일본으로 여행 가서 쓸 간단한 인사말이나 최소한의 의사소통 표현을 원한다면 우리가 앞서 7일째까지 공부한 것들, 문법 필요 없이 그냥 외우기만 하면 되는 표현 정도만 알면 된다. 하지만 자기가 하고 싶은 말이 어디 회화책 기본 표현만으로 되겠는가. 싫어도 문법을 공부해야 한다. 수천수만 가지 회화 표현을 다 외우기보다는 내가 하고 싶은 말을 할 수 있는 능력을 길러야 한다. 그러기 위해서는 문법이 필요하다. 글자 그대로 文法이란 문장을 만드는 법칙이니까.

그렇다고 어렵고 난해한 문법을 공부하라는 것이 아니다. 여러분이 일본인 친구들과 대화하고, 여러분이 가진 느낌과 감정 상태를 전달하기 위해서는 기본적인 문법들로 단단히 무장해 회화의 말문을 틔워야 한다.

맘 잡고 공부 시작!

'~합니다' 라고 공손하게 말할 때는 ~ます를 쓰면 된다.

'~하지 않습니다' 라고 할 때는 ~ます의 부정형인 ~ません을 쓰면 된다.

그렇다면 안 먹는다, 안 간다, 안 마신다, 이렇게

반말을 할 때는 어떻게 해야 하지?

걱정 마라! 오늘 배울 ない형만

마스터하면 된다.

무작정 바꿔보는 1그룹 동사의 ない(부정형)

Point

1그룹 동사의 ない 만들기

[う단] う つ る ぬ む ぶ く ぐ す

↓ ↓ ↓ ↓ ↓ ↓ ↓ ↓ ↓

[あ단] わ た ら な ま ば か が さ

+

ない(~하지 않는다)

동사의 맨 끝 글자가 う단으로 끝난다는 것은 이미 알고 있는 사실! 어미를 あ단으로 바꾸고 ない(나이)를 붙이면 된다. 단, う로 끝나는 단어는 あ가 아니라 わ로 고쳐야 한다.

01	あう(만나다) 아우	あわない(만나지 않는다) 아와나이
02	まつ(기다리다) 마쯔	またない(기다리지 않는다) 마따나이
03	のる(타다) 노루	のらない(타지 않는다) 노라나이
04	しぬ(죽다) 시누	しなない(죽지 않는다) 시나나이
05	のむ(마시다) 노무	のまない(마시지 않는다) 노마나이
06	あそぶ(놀다) 아소부	あそばない(놀지 않는다) 아소바나이
07	かく(쓰다) 카꾸	かかない(쓰지 않는다) 카까나이
08	いそぐ(서두르다) 이소구	いそがない(서두르지 않는다) 이소가나이
09	はなす(이야기하다) 하나스	はなさない(이야기하지 않는다) 하나사나이

Point

2그룹 동사의 ない 만들기

る → ~~る~~ + ない

る로 끝나는 2그룹 동사의 る를 떼고 ない를 붙인다.

01 たべる (먹다)
타베루

たべない (먹지 않는다)
타베나이

02 みる (보다)
미루

みない (보지 않는다)
미나이

03 おきる (일어나다)
오끼루

おきない (일어나지 않는다)
오끼나이

04 ねる (자다)
네루

ねない (자지 않는다)
네나이

05 おしえる (가르치다)
오시에루

おしえない (가르치지 않는다)
오시에나이

06 はじめる (시작하다)
하지메루

はじめない (시작하지 않는다)
하지메나이

Point

3그룹 동사의 ない 만들기

する 스루 → しない 시나이(하지 않는다)

くる 쿠루 → こない 코나이(오지 않는다)

불규칙 동사인 3그룹 동사는 무조건 외우자.

キスする (키스하다)
키스스루

キスしない (키스하지 않는다)
키스시나이

∞ 이제 ない형을 마음껏 바꿔보자.

01 아침밥을 안 먹는다. (먹다: 食(た)べる)

→ 朝(あさ)ごはんを__________________。

02 뉴스는 안 본다. (보다: 見(み)る)

→ ニュ-スは__________________。

03 술은 마시지 않는다. (마시다: 飲(の)む)

→ お酒(さけ)は__________________。

04 아직 안 잔다. (자다: 寝(ね)る)

→ まだ__________________。

05 회사에 가지 않는다. (가다: 行(い)く)

→ 会社(かいしゃ)に__________________。

06 가방은 안 산다. (사다: 買(か)う)

→ かばんは__________________。

07 절대 안 죽는다. (죽다: 死(し)ぬ)

→ 絶対(ぜったい)__________________。

08 토요일도 쉬지 않는다. (쉬다: 休(やす)む)

→ 土曜日(どようび)も__________________。

09 일기를 쓰지 않는다. (쓰다: 書(か)く)

→ 日記(にっき)を__________________。

10 누구에게도 말하지 않는다. (이야기하다: 話(はな)す)

→ だれにも__________________。

11 아르바이트를 안 한다. (하다: する)

→ アルバイトを__________________。

12 친구가 안 온다. (오다: くる)

→ 友達(ともだち)が__________________。

p.137 정답

01 食(た)べない

02 見(み)ない

03 飲(の)まない

04 寝(ね)ない

05 行(い)かない

06 買(か)わない

07 死(し)なない

08 休(やす)まない

09 書(か)かない

10 話(はな)さない

11 しない

12 こない

불현듯 일본을 느끼고픈 날이면 주한일본대사관 공보문화원에 가보자. 열람실에서 책이며 일본 만화, 잡지를 자유롭게 읽을 수 있다. 회원등록을 하면 빌려가서 읽을 수도 있으니 금상첨화. 일본음악정보센터에는 최신 J-Pop(일본 가요)의 DVD나 CD 등이 비치되어 있으니 좋아하는 일본 가수가 있다면 그 가수의 최신곡을 찾아서 듣거나 콘서트 실황 DVD를 보고 와도 아주 만족스러울 것이다. 그밖에 강연회나 각종 공연, 일본 영화도 볼 수 있고, 일본 전통문화 체험에도 참여할 수 있다. 유학상담실에서는 일본의 대학과 전문학교 등에 관한 유학 자료를 볼 수 있고, 상담도 받을 수 있다. (먼저 인터넷 포털사이트에서 '주한일본대사관 공보문화원'을 검색해서 위치와 개관 시간을 확인하자.)

공부를 하다보면 슬럼프가 올 때가 있다. 그럴 때는 이곳에 놀러가 머리를 식히고 오자. 가서 만화도 실컷 읽고, 잡지를 보면서 최신 일본 트렌드도 느껴보고, 일본 영화를 보면서 듣기 실력이 얼마나 향상되었는지 확인해보자.

맘 잡고 공부 시작!

야호! 드디어 19일째! 동사가 나와 조금 어려워지긴 했으나,

이 고비만 넘기면 이제 점점 더 많은 표현을 할 수 있게 된다.

조금만 더 힘내자!

오늘은 동사 활용에서 제일 중요하고 여러분들이

가장 어렵게 느끼는 て형, 즉 연결형을 공부해보자.

무작정 바꿔보는 **1그룹 동사의 て(연결형)**

Point

1그룹 동사의 て 만들기

う, つ, る → って(~하고, ~해서)

ぬ, む, ぶ → んで

く → いて

ぐ → いで

す → して

*예외 하나! '가다'를 뜻하는 行(い)く 이꾸는 行(い)って 잇떼로 바뀌니 조심하자.

01 あう(만나다) 아우 — あって(만나고, 만나서) 앗떼

02 まつ(기다리다) 마쯔 — まって(기다리고, 기다려서) 맛떼

03 のる(타다) 노루 — のって(타고, 타서) 놋떼

04 しぬ(죽다) 시누 — しんで(죽고, 죽어서) 신데

05 のむ(마시다) 노무 — のんで(마시고, 마셔서) 논데

06 あそぶ(놀다) 아소부 — あそんで(놀고, 놀아서) 아손데

07 かく(쓰다) 카꾸 — かいて(쓰고, 써서) 카이떼

08 いそぐ(서두르다) 이소구 — いそいで(서두르고, 서둘러서) 이소이데

09 はなす(이야기하다) 하나스 — はなして(이야기하고, 이야기해서) 하나시떼

Point

2그룹 동사의 て 만들기

る → る̸ + て

る로 끝나는 2그룹 동사의 る를 떼고 て를 붙인다.

01	たべる(먹다) 타베루	たべて(먹고, 먹어서) 타베떼
02	みる(보다) 미루	みて(보고, 봐서) 미떼
03	おきる(일어나다) 오끼루	おきて(일어나고, 일어나서) 오끼떼
04	ねる(자다) 네루	ねて(자고, 자서) 네떼
05	おしえる(가르치다) 오시에루	おしえて(가르치고, 가르쳐서) 오시에떼
06	はじめる(시작하다) 하지메루	はじめて(시작하고, 시작해서) 하지메떼

Point

3그룹 동사의 て 만들기

する 스루 → して 시떼 (하고, 해서)

くる 쿠루 → きて 키떼 (오고, 와서)

불규칙 동사인 3그룹 동사는 무조건 외우자.

デートする(데이트하다) 데-또스루	デートして(데이트하고, 테이트해서) 데-또시떼

TEST

∞ 이제 て형을 마음껏 바꿔보자.

01 영화를 보고 있다. (보다: 見(み)る)

→ 映画(えいが)を__________いる。

02 요리를 만들고 있다. (만들다: 作(つく)る)

→ 料理(りょうり)を__________いる。

03 밥을 먹고 만나다. (먹다: 食(た)べる)

→ ごはんを__________会(あ)う。

04 시부야에 가서 놀다. (가다: 行(い)く)

→ 渋谷(しぶや)に__________遊(あそ)ぶ。

05 선생님이 부르고 있다. (부르다: 呼(よ)ぶ)

→ 先生(せんせい)が__________いる。

06 과일을 사서 가다. (사다: 買(か)う)

→ 果物(くだもの)を__________行(い)く。

07 맥주를 마시고 노래방에 간다. (마시다: 飲(の)む)

→ ビールを__________カラオケに行(い)く。

08 친구를 기다리고 있다. (기다리다: 待(ま)つ)

→ 友達(ともだち)を__________いる。

09 메일을 쓰고 TV를 본다. (쓰다: 書(か)く)

→ メールを__________テレビを見(み)る。

10 조금 쉬고 출발하다. (쉬다: 休(やす)む)

→ ちょっと__________出発(しゅっぱつ)する。

11 선생님과 이야기하고 있다. (이야기하다: 話(はな)す)

→ 先生(せんせい)と__________いる。

12 지금 오고 있다. (오다: くる)

→ 今(いま)__________いる。

p.143 정답

01 見(み)て

02 作(つく)って

03 食(た)べて

04 行(い)って

05 呼(よ)んで

06 買(か)って

07 飲(の)んで

08 待(ま)って

09 書(か)いて

10 休(やす)んで

11 話(はな)して

12 きて

일본어 말문 떼기

인터넷을 하다 보면 가끔 일본인에게 보낼 메시지인데 번역을 부탁한다는 글이 있다. 그리고 그 옆에 반드시 따라붙는 표현 하나! 일본어 번역기 절대 사절! 왜 다들 번역기를 싫어하는가? 그 이유는 간단하다. 기계 번역은 문장에 따라서는 단어가 나타내는 뉘앙스나 숨은 뜻을 사람이 번역하는 것처럼 문맥에 맞춰 완벽히 번역할 수 없기 때문이다. 물론 요즘은 번역기의 기능이 발달해 번역의 정확도가 상당히 높아졌다고는 하나, 그렇다고 해도 늘 오류는 있다. 일본어에 능통한 사람이라면 번역기의 오역을 한눈에 알아차리지만, 일본어 왕초보들은 어디가 어떻게 잘못되었는지 모른 채 틀린 번역을 그냥 그대로 받아들일 수밖에 없다. 간단한 예를 들어보자.

いけてる는 문장에 따라서 '잘 나가고 있다, 멋지다, 맛있다' 라는 뜻으로 주로 사용되는데, 가끔 번역기는 이렇게 생뚱맞은 번역을 하는 경우가 있다. 그러니까 전적으로 번역기만 믿고 번역기를 돌려 쓴 일본어를 보냈다가는 여러분의 의사를 제대로 전달할 수 없을지도 모른다. 번역기가 편리하긴 해도 너무 믿지는 말자. 열심히 사전을 찾으며, 스스로 문장을 만들어 나가길 바란다.

DAY 20

맘 잡고 공부 시작!

오늘은 여러분에게 좋은 뉴스가 있다. 19일째 동사의 연결형을 충분히 복습했다면 오늘 배울 동사의 た형, 즉 과거형은 그냥 읽어만 봐도 공부가 끝난다. 왜냐하면 일본어 동사의 과거형은 て형(연결형)과 활용이 완전히 똑같으니까! 가벼운 마음으로 20일째 들어가자.

무작정 바꿔보는 1그룹 동사의 た(과거형)

Point

1그룹 동사의 た 만들기

う, つ, る → った(~했다)

ぬ, む, ぶ → んだ

く → いた

ぐ → いだ

す → した

*예외 하나! '가다'를 뜻하는 行く이꾸는 行った잇따로 바뀌니 조심하자.

01 あう (만나다)
아우
あった (만났다)
앗따

02 まつ (기다리다)
마쯔
まった (기다렸다)
맛따

03 のる (타다)
노루
のった (탔다)
놋따

04 しぬ (죽다)
시누
しんだ (죽었다)
신다

05 のむ (마시다)
노무
のんだ (마셨다)
논다

06 あそぶ (놀다)
아소부
あそんだ (놀았다)
아손다

07 かく (쓰다)
카꾸
かいた (썼다)
카이따

08 いそぐ (서두르다)
이소구
いそいだ (서둘렀다)
이소이다

09 はなす (이야기하다)
하나스
はなした (이야기했다)
하나시따

Point

2그룹 동사의 た 만들기

る → ~~る~~ + た

る로 끝나는 2그룹 동사의 る를 떼고 た를 붙인다.

01 たべる(먹다) 타베루 — たべた (먹었다) 타베따

02 みる(보다) 미루 — みた (봤다) 미따

03 おきる(일어나다) 오끼루 — おきた (일어났다) 오끼따

04 ねる(자다) 네루 — ねた (잤다) 네따

05 おしえる(가르치다) 오시에루 — おしえた (가르쳤다) 오시에따

06 はじめる(시작하다) 하지메루 — はじめた (시작했다) 하지메따

Point

3그룹 동사의 た 만들기

する 스루 → した 시따(했다)

くる 쿠루 → きた 키따(왔다)

불규칙 동사인 3그룹 동사는 무조건 외우자.

デートする (데이트하다) 데-또스루 — デートした (데이트했다) 데-또시따

TEST

∞ 이제 た형을 마음껏 바꿔보자.

01 이 가방 하라주쿠에서 샀다. (사다: 買(か)う)

→ このかばん、原宿(はらじゅく)で＿＿＿＿＿＿。

02 여기서 1시간 기다렸다. (기다리다: 待(ま)つ)

→ ここで一時間(いちじかん)＿＿＿＿＿＿。

03 선생님과 초밥을 먹었다. (먹다: 食(た)べる)

→ 先生(せんせい)とすしを＿＿＿＿＿＿。

04 친구에게 메일을 썼다. (쓰다: 書(か)く)

→ 友達(ともだち)にメ-ルを＿＿＿＿＿＿。

05 신주쿠에서 맥주를 마셨다. (마시다: 飲(の)む)

→ 新宿(しんじゅく)でビ-ルを＿＿＿＿＿＿。

06 야마다 씨랑 키스를 했다. (하다: する)

→ 山田(やまだ)さんとキスを＿＿＿＿＿＿。

07 어제는 일찍 잤다. (자다: 寝(ね)る)

→ 昨日(きのう)ははやく＿＿＿＿＿＿。

08 남자 친구가 나를 속였다. (속이다: だます)

→ 彼氏(かれし)が私(わたし)を＿＿＿＿＿＿。

09 카레라이스를 만들었다. (만들다: 作(つく)る)

→ カレ-ライスを＿＿＿＿＿＿。

10 주말에는 집에서 쉬었다. (쉬다: 休(やす)む)

→ 週末(しゅうまつ)は家(うち)で＿＿＿＿＿＿。

11 버스가 왔다. (오다: くる)

→ バスが＿＿＿＿＿＿。

12 여자 친구와 영화를 봤다. (보다: 見(み)る)

→ 彼女(かのじょ)と映画(えいが)を＿＿＿＿＿＿。

p.149 정답

01 買(か)った

02 待(ま)った

03 食(た)べた

04 書(か)いた

05 飲(の)んだ

06 した

07 寝(ね)た

08 だました

09 作(つく)った

10 休(やす)んだ

11 きた

12 見(み)た

JLPT랑 JPT는 뭐가 달라요? EJU는 또 뭔가요? 라고 질문하는 학생들이 많다. JLPT는 일본 정부가 주최하는 세계적으로 공인된 유일한 일본어능력시험이다. 레벨은 N1부터 N5까지 5개 등급이 있고, N1이 제일 높은 레벨, N5가 가장 낮은 레벨이다. 각자 자신의 실력에 맞는 레벨을 선택하면 된다. 일본에 있는 대학을 가기 위해서는 N1을 취득해두는 편이 좋다. 시험은 1년에 2번, 7월과 12월에 있다.

JPT는 우리나라 사설기관에서 만든 일본어능력시험이다. 급수별로 시험이 있는 것이 아니라, 토익처럼 990점이 만점으로 청해와 독해로 나눠져 있다. 일본 유학과는 관련이 없는 시험이지만 한국에서의 취업이나 진학에는 유용하게 쓰일 수 있으니 자주 봐서 성적을 올려두자.

그리고 일본에 있는 대학으로 유학을 가는 학생들은 EJU 시험을 봐야 한다. 일본의 명문대학일수록 EJU와 학교 자체 시험(논술+면접)을 중요시한다. EJU는 1년에 2번, 6월과 11월에 시행되며 시험 과목은 일본어, 이과(물리, 화학, 생물), 종합과목, 수학이다. 시험 과목은 학과나 학교에 따라 조금씩 다르기 때문에 진학하고자 하는 학교의 모집 요강을 철저히 체크해야 한다. 그리고 EJU 시험에 영어 과목이 있는 것은 아니지만, 보통 대학 자체적으로 영어 시험을 시행하거나 토플 성적을 요구하는 곳도 많으므로 영어 공부도 게을리하면 안 된다.

JLPT, JPT, EJU 모두 만만찮은 시험들이다. 대충 공부하고 좋은 성과를 바라다가는 큰코다친다. 합격할 수 있다는 자신감을 갖고 철저히 준비하고 꾸준히 공부하는 자세가 필요하다.

맘 잡고 공부 시작!

그동안 동사의 기본 시제 바꾸기 연습을 충분히 했다면 오늘부터는 문형 연습이다. **17일째에 배운 ます가 기억나는가?** 기억이 가물거린다면 다시 돌아가서 복습하고 오늘의 공부를 시작하는 것이 좋다. 오늘은 먹고 싶다, 자고 싶다, 놀고 싶다, 이렇게 **'~하고 싶다'는 표현을 배워보자.**

ます에 이것저것 붙여보기

먼저 여러분은 ます형이라는 말을 이해해야 한다. 동사를 공손체로 바꿀 경우 ます 앞에 있는 어간 부분을 일본어 문법에서는 흔히 ます형이라고 한다. 예를 들면, たべる(먹다)→たべます(먹습니다)에서 ます형은 たべ이다.

Point

ます 주요 문형 ①

동사 ます형 + たい = ~하고 싶다

01	いく(가다) 이꾸	いきます(갑니다) 이끼마스	いきたい(가고 싶다) 이끼따이
02	のむ(마시다) 노무	のみます(마십니다) 노미마스	のみたい(마시고 싶다) 노미따이
03	かう(사다) 카우	かいます(삽니다) 카이마스	かいたい(사고 싶다) 카이따이
04	はなす(이야기하다) 하나스	はなします(이야기합니다) 하나시마스	はなしたい(이야기하고 싶다) 하나시따이
05	みる(보다) 미루	みます(봅니다) 미마스	みたい(보고 싶다) 미따이
06	たべる(먹다) 타베루	たべます(먹습니다) 타베마스	たべたい(먹고 싶다) 타베타이
07	する(하다) 스루	します(합니다) 시마스	したい(하고 싶다) 시따이
08	くる(오다) 쿠루	きます(옵니다) 키마스	きたい(오고 싶다) 키따이

희망표현 たい의 친구들

Point

ます형 + たい 따이(~하고 싶다)
+ たいです 따이데스(~하고 싶습니다)
+ たくない 따꾸나이(~하고 싶지 않다)
+ たくないです 따꾸나이데스(~하고 싶지 않습니다)

부정형은 い형용사처럼 い를 떼고 くない로 바꾼다. 공손체는 여기에 です만 붙이면 끝! 그럼 연습해보자!

01 いく(1그룹 동사, 가다)
이꾸

⇨ いきたい(가고 싶다)
이끼따이

いきたいです(가고 싶습니다)
이끼따이데스

いきたくない(가고 싶지 않다)
이끼따꾸나이

いきたくないです(가고 싶지 않습니다)
이끼따꾸나이데스

02 たべる(2그룹 동사, 먹다)
타베루

⇨ たべたい(먹고 싶다)
타베따이

たべたいです(먹고 싶습니다)
타베따이데스

たべたくない(먹고 싶지 않다)
타베따꾸나이

たべたくないです(먹고 싶지 않습니다)
타베따꾸나이데스

03 する(3그룹 동사, 하다)
스루

⇨ したい(하고 싶다)
시따이

したいです(하고 싶습니다)
시따이데스

したくない(하고 싶지 않다)
시따꾸나이

したくないです(하고 싶지 않습니다)
시따꾸나이데스

∞ 이제 たい를 사용해서, 하고 싶은 것을 말해보자.

01 일본 드라마가 보고 싶다. (보다: 見(み)る)

→ 日本(にほん)のドラマが________________。

02 맛있는 것이 먹고 싶다. (먹다: 食(た)べる)

→ おいしいものが________________。

03 남자 친구를 만나고 싶다. (만나다: 会(あ)う)

→ 彼氏(かれし)に________________。

04 새 휴대폰이 사고 싶다. (사다: 買(か)う)

→ 新(あたら)しいケータイが________________。

05 도쿄에 가고 싶다. (가다: 行(い)く)

→ 東京(とうきょう)に________________。

06 맥주가 마시고 싶다. (마시다: 飲(の)む)

→ ビールが________________。

07 당신 곁에 있고 싶습니다. (있다: いる)

→ あなたのそばに________________。

08 데이트하고 싶습니다. (하다: する)

→ デート________________。

09 내일 또 오고 싶습니다. (오다: くる)

→ 明日(あした)また________________。

10 죽고 싶습니다. (죽다: 死(し)ぬ)

→ ________________。

11 좀 쉬고 싶습니다. (쉬다: 休(やす)む)

→ ちょっと________________。

12 일본어로 이야기하고 싶습니다. (이야기하다: 話(はな)す)

→ 日本語(にほんご)で________________。

TEST

∞ 이번에는 たくない를 사용해서, 하고 싶지 않은 것을 말해보자.

01 아무것도 먹고 싶지 않다. (먹다: 食(た)べる)

→ なにも＿＿＿＿＿＿＿＿。

02 얼굴도 보고 싶지 않다. (보다: 見(み)る)

→ 顔(かお)も＿＿＿＿＿＿＿＿。

03 역시 만나고 싶지 않다. (만나다: 会(あ)う)

→ やっぱり＿＿＿＿＿＿＿＿。

04 여기서 기다리고 싶지 않다. (기다리다: 待(ま)つ)

→ ここで＿＿＿＿＿＿＿＿。

05 소주는 마시고 싶지 않다. (마시다: 飲(の)む)

→ 焼酎(しょうちゅう)は＿＿＿＿＿＿＿＿。

06 집에 있고 싶지 않다. (있다: いる)

→ 家(うち)に＿＿＿＿＿＿＿＿。

07 공부하고 싶지 않습니다. (하다: する)

→ 勉強(べんきょう)＿＿＿＿＿＿＿＿。

08 리포트는 쓰고 싶지 않습니다. (쓰다: 書(か)く)

→ レポ-トは＿＿＿＿＿＿＿＿。

09 오사카에 가고 싶지 않습니다. (가다: 行(い)く)

→ 大阪(おおさか)に＿＿＿＿＿＿＿＿。

10 아직 자고 싶지 않습니다. (자다: 寝(ね)る)

→ まだ＿＿＿＿＿＿＿＿。

11 배는 타고 싶지 않습니다. (타다: 乗(の)る)

→ 船(ふね)は＿＿＿＿＿＿＿＿。

12 지금은 이야기하고 싶지 않습니다. (이야기하다: 話(はな)す)

→ 今(いま)は＿＿＿＿＿＿＿＿。

p.156 정답

01 見たい

02 食べたい

03 会いたい

04 買いたい

05 行きたい

06 飲みたい

07 いたいです

08 したいです

09 きたいです

10 死にたいです

11 休みたいです

12 話したいです

p.157 정답

01 食べたくない

02 見たくない

03 会いたくない

04 待ちたくない

05 飲みたくない

06 いたくない

07 したくないです

08 書きたくないです

09 行きたくないです

10 寝たくないです

11 乗りたくないです

12 話したくないです

일본어를 열심히 공부했는가? 그럼 떠나라. 일본으로! 가서 보고, 듣고, 말하고, 느끼고 오라. 그러면 돌아와서도 일본어 공부가 한결 더 잘될 것이다. 시간과 돈이 없다고 낙담만 하고 있지 말라. 올빼미, 밤도깨비, 야반도주라는 이름의 1박 3일짜리 일본 여행들도 많다. 공항에서 새우잠을 자며 새벽까지 기다려 비행기를 타야 하고, 시간이 부족해 발에 땀띠 나게 돌아다녀야 하지만, 그대들은 젊다. 생고생만 하고 피곤해 여행이 힘들겠지만, 젊기에 한 번쯤 도전해볼 가치가 있다고 본다.

처음 떠나는 여행이라면 도쿄행 표를 끊자. 상쾌한 새벽, 생선 비린내가 향기로운 츠끼지 어시장에 가보라. 참치 경매도 구경하고 유명한 초밥집에서 맛있는 초밥도 먹어보자. 오다이바 레인보우 브릿지의 멋진 야경도 감상하고, 일본의 전통 복장인 유카타를 입고 오오에도 온천에 가서 유유히 온천을 즐기는 작은 사치도 누려보자. 코스프레의 진수를 보고 싶다면 하라주쿠 광장에 가서 젊은이들의 열정을 카메라에 담고, 멋쟁이들의 거리 다이칸야마의 스타일리시한 카페에 앉아 느긋하게 브런치를 즐겨라.

일본어가 아직 서툴러 일본에 가기가 두려운가? 걱정할 것 없다.

ありがとうございます(고맙습니다)。

すみません(미안합니다)。

どこですか(어디입니까?)。

いくらですか(얼마입니까?)。

이 정도 간단한 표현만으로도 여행을 떠나기에는 충분하다. 그리고 우리에겐 전 세계 공용어인 든든한 보디랭귀지가 있지 않은가? 떠나라. 그리고 돌아와 마음을 추스르고 더 열심히 공부하라.

DAY 22

맘 잡고 공부 시작!

맛있는 것 먹으러 갑시다! 친구 만나러 가요! 맥주 마시러 갈래요? 일본에 놀러 갑니다. 이렇게 우리는 흔히 '~하러' 라는 표현을 자주 쓴다. 이런 표현들도 ます형만 알고 있다면 간단히 만들 수 있다. 그밖에 ます형 주요 표현들도 몇 가지 더 알아보도록 하자.

Point

ます 주요 문형 ②

동사 ます형 + に = ~하러(목적)

01	のむ(마시다) 노무	のみます(마십니다) 노미마스	のみに(마시러) 노미니
02	あう(만나다) 아우	あいます(만납니다) 아이마스	あいに(만나러) 아이니
03	かう(사다) 카우	かいます(삽니다) 카이마스	かいに(사러) 카이니
04	あそぶ(놀다) 아소부	あそびます(놉니다) 아소비마스	あそびに(놀러) 아소비니
05	よむ(읽다) 요무	よみます(읽습니다) 요미마스	よみに(읽으러) 요미니
06	みる(보다) 미루	みます(봅니다) 미마스	みに(보러) 미니
07	かりる(빌리다) 카리루	かります(빌립니다) 카리마스	かりに(빌리러) 카리니
08	たべる(먹다) 타베루	たべます(먹습니다) 타베마스	たべに(먹으러) 타베니
09	おしえる(가르치다) 오시에루	おしえます(가르칩니다) 오시에마스	おしえに(가르치러) 오시에니
10	する(하다) 스루	します(합니다) 시마스	しに(하러) 시니

TEST

∞ ます형+に를 사용해서 목적 표현을 만들어보자.

01 시부야에 옷을 사러 갑니다. (사다: 買う)

→ 渋谷に服を__________行きます。

02 돈가스를 먹으러 갑시다. (먹다: 食べる)

→ トンカツを__________行きましょう。

03 지금 영화를 보러 갑니다. (보다: 見る)

→ 今映画を__________行きます。

04 친구를 만나러 갑니다. (만나다: 会う)

→ 友達に__________行きます。

05 무엇을 하러 왔습니까? (する)

→ 何を__________きましたか。

06 도서관에 책을 읽으러 갑니다. (읽다: 読む)

→ 図書館に本を__________行きます。

07 돈을 빌리러 갔습니다. (빌리다: 借りる)

→ お金を__________行きました。

08 맥주를 마시러 갑시다. (마시다: 飲む)

→ ビ-ルを__________行きましょう。

09 세수하러 갑니다. (씻다: 洗う)

→ 顔を__________行きます。

10 공항까지 마중하러 갑니다. (맞이하다: 迎える)

→ 空港まで__________行きます。

Point

ます 주요 문형 ③

동사 ます형 + ながら = ~하면서(동시진행)

01	のむ(마시다) 노무	のみます(마십니다) 노미마스	のみながら(마시면서) 노미나가라
02	きく(듣다) 키꾸	ききます(듣습니다) 키끼마스	ききながら(들으면서) 키끼나가라
03	まつ(기다리다) 마쯔	まちます(기다립니다) 마찌마스	まちながら(기다리면서) 마찌나가라
04	たべる(먹다) 타베루	たべます(먹습니다) 타베마스	たべながら(먹으면서) 타베나가라
05	みる(보다) 미루	みます(봅니다) 미마스	みながら(보면서) 미나가라

Point

ます 주요 문형 ④

동사 ます형 + すぎる = 지나치게 ~ 하다

01	のむ(마시다) 노무	のみます(마십니다) 노미마스	のみすぎる(지나치게 마시다, 과음하다) 노미스기루
02	あそぶ(놀다) 아소부	あそびます(놉니다) 아소비마스	あそびすぎる(지나치게 놀다) 아소비스기루
03	たべる(먹다) 타베루	たべます(먹습니다) 타베마스	たべすぎる(지나치게 먹다, 과식하다) 타베스기루
04	やる(하다) 야루	やります(합니다) 야리마스	やりすぎる(지나치게 하다) 야리스기루
05	ねる(자다) 네루	ねます(잡니다) 네마스	ねすぎる(지나치게 자다) 네스기루

∞ ながら를 사용해서 문장을 만들어보자.

01 노래를 들으면서 리포트를 쓰고 있습니다. (듣다: 聞(き)く)

→ 歌(うた)を＿＿＿＿＿＿＿＿レポ-トを書(か)いています。

02 아르바이트를 하면서 공부를 하고 있습니다. (하다: する)

→ アルバイトを＿＿＿＿＿＿＿＿勉強(べんきょう)をしています。

03 전철을 기다리면서 잡지를 읽고 있습니다. (기다리다: 待(ま)つ)

→ 電車(でんしゃ)を＿＿＿＿＿＿＿＿雑誌(ざっし)を読(よ)んでいます。

04 맥주를 마시면서 TV를 보고 있습니다. (읽다: 飲(の)む)

→ ビ-ルを＿＿＿＿＿＿＿＿テレビを見(み)ています。

05 담배를 피우면서 걷고 있습니다. (피우다: 吸(す)う)

→ タバコを＿＿＿＿＿＿＿＿歩(ある)いています。

∞ すぎる를 사용해서 문장을 만들어보자.

06 과식을 했습니다. (먹다: 食(た)べる)

→ ＿＿＿＿＿＿すぎました。

07 과음을 해서 머리가 아픕니다. (마시다: 飲(の)む)

→ お酒(さけ)を＿＿＿＿＿＿すぎて、頭(あたま)が痛(いた)いです。

08 돈을 너무 많이 썼습니다. (사용하다: 使(つか)う)

→ お金(かね)を＿＿＿＿＿＿すぎました。

09 너무 살쪘습니다. (살찌다: 太(ふと)る)

→ ＿＿＿＿＿＿すぎました。

10 게임을 너무 많이 했습니다. (하다: やる)

→ ゲ-ムを＿＿＿＿＿＿すぎました。

p.162 정답

01 買(か)いに

02 食(た)べに

03 見(み)に

04 会(あ)いに

05 しに

06 読(よ)みに

07 借(か)りに

08 飲(の)みに

09 洗(あら)いに

10 迎(むか)えに

p.164 정답

01 聞(き)きながら

02 しながら

03 待(ま)ちながら

04 飲(の)みながら

05 吸(す)いながら

06 食(た)べ

07 飲(の)み

08 使(つか)い

09 太(ふと)り

10 やり

꽃보다 남자, 노다메 칸타빌레, 고쿠센, 신의 물방울, 너는 펫, 소년탐정 김전일... 일본 드라마 마니아라면 누구나 알고 있는 너무나 유명한 일본 드라마들이다. 이 드라마들의 원작은 다 만화이다. 일본 만화는 다양한 주제와 탄탄한 스토리 구성으로 일본인 남녀노소 누구에게나 사랑을 받는다. 전철이나 공공장소에서 나이 지긋한 중년의 아저씨들이 만화를 읽고 있는 모습이 일본에서는 전혀 어색한 풍경이 아니다. 우리나라에도 일본 만화를 좋아해서 일본어를 배우려는 학생들이 꽤 많은 것 같다.

일본어 실력을 늘리고 싶다면 여러분도 만화책을 읽어라. 처음에는 일본 초등학생들이 보는 코믹물부터 시작해라. 코믹물에는 한자의 읽기를 히라가나나 가타카나로 적은 ふりがな(후리가나)가 있어 일일이 한자를 찾으면서 공부해야 하는 번거로움이 없으니, 한자 찾기가 힘들어서 일본어 공부를 포기하는 충동은 줄어들 것이다. 만화책을 보면 회화체의 감각도 익힐 수 있고, 한자 실력도 향상될 것이다.

그리고 일본에 여행 가서 일본의 대표 만화중고서점인 まんだらけ(만다라케)가 보인다면 잠깐 들러보자. 한국에서 구하기 힘든 만화를 아주 저렴한 가격에 사는 행운이 있을지도 모른다.

맘 잡고 공부 시작!

일본어를 공부하는 사람들은 크게 둘로 나뉜다. て형(연결형)을 활용할 수 있는 자와 못하는 자! 이 말이 과언이 아닐 만큼, 일본어 기초 문법에서 연결형은 절대 소홀히 할 수 없는 중요한 존재이다. 오늘은 이런 て형을 사용해 현재진행과 부탁 표현을 공부해보자.

Point

て 주요 문형 ①

동사 て형 + います = ~하고 있습니다(현재진행)

01 かう(사다) 카우	かっています(사고 있습니다) 캇떼이마스
02 まつ(기다리다) 마쯔	まっています(기다리고 있습니다) 맛떼이마스
03 つくる(만들다) 츠꾸루	つくっています(만들고 있습니다) 츠꿋떼이마스
04 のむ(마시다) 노무	のんでいます(마시고 있습니다) 논데이마스
05 よぶ(부르다) 요부	よんでいます(부르고 있습니다) 욘데이마스
06 かく(쓰다) 카꾸	かいています(쓰고 있습니다) 카이떼이마스
07 はなす(이야기하다) 하나스	はなしています(이야기하고 있습니다) 하나시떼이마스
08 たべる(먹다) 타베루	たべています(먹고 있습니다) 타베떼이마스
09 くる(오다) 쿠루	きています(오고 있습니다) 키떼이마스
10 する(하다) 스루	しています(하고 있습니다) 시떼이마스

∞ ています를 사용해 현재진행 표현을 만들어보자.

01 **친구와 술을 마시고 있습니다.** (마시다: 飲(の)む)

→ 友達(ともだち)とお酒(さけ)を＿＿＿＿＿＿＿＿＿。

02 **노래방에서 노래를 부르고 있습니다.** (노래 부르다: 歌(うた)う)

→ カラオケで歌(うた)を＿＿＿＿＿＿＿＿＿。

03 **야마다 씨가 나를 속이고 있습니다.** (속이다: だます)

→ 山田(やまだ)さんが私(わたし)を＿＿＿＿＿＿＿＿＿。

04 **그는 아직 자고 있습니다.** (자다: 寝(ね)る)

→ 彼(かれ)はまだ＿＿＿＿＿＿＿＿＿。

05 **지금 신문을 읽고 있습니다.** (읽다: 読(よ)む)

→ 今(いま)、新聞(しんぶん)を＿＿＿＿＿＿＿＿＿。

06 **편의점에서 아르바이트를 하고 있습니다.** (하다: する)

→ コンビニでアルバイトを＿＿＿＿＿＿＿＿＿。

07 **얼굴을 씻고 있습니다.** (씻다: 洗(あら)う)

→ 顔(かお)を＿＿＿＿＿＿＿＿＿。

08 **집에서 쉬고 있습니다.** (쉬다: 休(やす)む)

→ 家(うち)で＿＿＿＿＿＿＿＿＿。

09 **그는 거짓말을 하고 있습니다.** (거짓말을 하다: うそをつく)

→ 彼(かれ)はうそを＿＿＿＿＿＿＿＿＿。

10 **아버지는 담배를 피우고 있습니다.** (피우다: 吸(す)う)

→ 父(ちち)はタバコを＿＿＿＿＿＿＿＿＿。

Point

て 주요 문형 ②

동사 て형 + ください = ~해주세요

01	かう(사다) 카우	かってください(사주세요) 캇떼쿠다사이
02	まつ(기다리다) 마쯔	まってください(기다려 주세요) 맛떼쿠다사이
03	つくる(만들다) 츠꾸루	つくってください(만들어 주세요) 츠꿋떼쿠다사이
04	のむ(마시다) 노무	のんでください(마셔주세요) 논데쿠다사이
05	よぶ(부르다) 요부	よんでください(불러주세요) 욘데쿠다사이
06	かく(쓰다) 카꾸	かいてください(써주세요) 카이떼쿠다사이
07	はなす(이야기하다) 하나스	はなしてください(이야기해 주세요) 하나시떼쿠다사이
08	たべる(먹다) 타베루	たべてください(먹어주세요) 타베떼쿠다사이
09	くる(오다) 쿠루	きてください(와주세요) 키떼쿠다사이
10	する(하다) 스루	してください(해주세요) 시떼쿠다사이

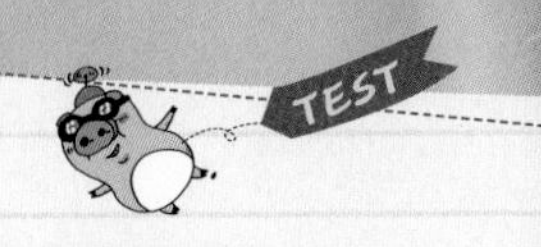

∞ てくださいを사용해 이것저것 부탁해보자.

01 솔직히 대답해 주세요. (대답하다: 答(こた)える)

→ 正直(しょうじき)に________。

02 가능한 한 빨리 오세요. (오다: くる)

→ できるだけ、はやく________。

03 힘내세요. (힘내다: がんばる)

→ ________________。

04 펜을 빌려주세요. (빌려주다: 貸(か)す)

→ ペンを________。

05 내 이야기를 들어 주세요. (듣다: 聞(き)く)

→ 私(わたし)の話(はなし)を________。

06 이름과 주소를 써 주세요. (쓰다: 書(か)く)

→ 名前(なまえ)と住所(じゅうしょ)を________。

07 노트북을 사주세요. (사다: 買(か)う)

→ ノ-トパソコンを________。

08 잠시 기다려 주세요. (기다리다: 待(ま)つ)

→ ちょっと________。

09 자기소개를 해주세요. (하다: する)

→ 自己紹介(じこしょうかい)を________。

10 푹 쉬세요. (쉬다: 休(やす)む)

→ ゆっくり________。

p.169 정답

01 飲(の)んでいます

02 歌(うた)っています

03 だましています

04 寝(ね)ています

05 読(よ)んでいます

06 しています

07 洗(あら)っています

08 休(やす)んでいます

09 ついています

10 吸(す)っています

p.171 정답

01 答(こた)えてください

02 きてください

03 がんばってください

04 貸(か)してください

05 聞(き)いてください

06 書(か)いてください

07 買(か)ってください

08 待(ま)ってください

09 してください

10 休(やす)んでください

일본어 공부를 어느 정도 하다 보면 한자 때문에 힘들어 하는 학생들이 많다. "한자가 어려워요. 외워도 쉽게 까먹어요. 쉽게 외우는 방법 없나요?" 이런 질문을 많이 하는데, 글쎄... 한자는 솔직히 말해 그냥 외우는 수밖에 없다. 외우고 잊어버리면 다시 외우고. 그렇지만 한자에 너무 얽매여 한자 자체를 음독과 훈독으로 꼼꼼히 나눠서 외우면 금방 지쳐버린다. 물론 이렇게 공부하는 것이 편한 학생들은 자기 스타일대로 공부해도 상관없다.

내가 추천해주고 싶은 방법은 일단 단어를 많이 외우라는 것이다. 단어를 외울 때 한자를 완벽하게 쓸 수 있게 외우기보다, 초급 수준에서는 눈으로 반복해서 훑으며 읽을 수 있을 정도로만 외우면 된다. 처음부터 한자까지 완벽하게 쓸 수 있게 외우면 물론 좋겠지만, 이렇게 하다보면 하루에 몇 자 못 외울 뿐더러 어렵고 금방 질려버려 일본어에서 손을 놓기 십상이다.

일단 한자에 너무 집착하지 말고, 읽을 수만 있게 눈으로 훑으면서 반복해서 외우자. 일본에서 일상생활에 자주 쓰이는 상용한자는 1945자이다. 이중 1006자의 교육용 한자를 일본 초등학생들이 배우고 익힌다. 일본 초등학생들도 1000자는 외우는데 우리라고 못할 리 없다. 끈기를 갖고 한번 외워보자! 아자, 아자!

맘 잡고 공부 시작!

우쯔루 웃떼 누무부 은데 쿠 이떼 구 이데 스 시떼

위의 문장을 보고 '어, 이게 뭐야?' 이렇게 생각했다면 다시 19일째 연결형부터 다시 복습하길 바란다. 아직 기초가 많이 약한 상태니까. 위의 문장이 입에서 노래처럼 흥얼거려진다면 오늘 배울 연결형을 이용한 의무와 금지 표현을 공부할 준비가 된 것이다.

Point

て 주요 문형 ③
~てもいいです = ~해도 좋습니다(됩니다)

01 かう(사다) 카우	かってもいいです(사도 좋습니다) 캇떼모이-데스
02 まつ(기다리다) 마쯔	まってもいいです(기다려도 좋습니다) 맛떼모이-데스
03 つくる(만들다) 츠꾸루	つくってもいいです(만들어도 좋습 니다) 츠꿋떼모이-데스
04 のむ(마시다) 노무	のんでもいいです(마셔도 좋습니다) 논데모이-데스
05 よぶ(부르다) 요부	よんでもいいです(불러도 좋습니다) 욘데모이-데스
06 かく(쓰다) 카꾸	かいてもいいです(써도 좋습니다) 카이떼모이-데스
07 はなす(이야기하다) 하나스	はなしてもいいです(이야기해도 좋습니다) 하나시떼모이-데스
08 たべる(먹다) 타베루	たべてもいいです(먹어도 좋습니다) 타베떼모이-데스
09 くる(오다) 쿠루	きてもいいです(와도 좋습니다) 키떼모이-데스
10 する(하다) 스루	してもいいです(해도 좋습니다) 시떼모이-데스

∞ てもいいです를 사용해서 허가 표현을 만들어보자.

01 이 잡지 봐도 됩니까? (보다: 見(み)る)

→ この雑誌(ざっし)＿＿＿＿＿＿＿＿＿＿＿＿＿＿＿。

02 잠시 쉬어도 됩니까? (쉬다: 休(やす)む)

→ ちょっと＿＿＿＿＿＿＿＿＿＿＿＿＿＿＿。

03 이 튀김은 먹어도 됩니다. (먹다: 食(た)べる)

→ この天(てん)ぷらは＿＿＿＿＿＿＿＿＿＿＿＿＿＿＿。

04 하나 물어봐도 됩니까? (묻다: 聞(き)く)

→ 一(ひと)つ＿＿＿＿＿＿＿＿＿＿＿＿＿＿＿。

05 내일 또 와도 됩니다. (오다: くる)

→ 明日(あした)また＿＿＿＿＿＿＿＿＿＿＿＿＿＿＿。

06 담배를 피워도 됩니다. (피우다: 吸(す)う)

→ タバコを＿＿＿＿＿＿＿＿＿＿＿＿＿＿＿。

07 여기에서는 사진을 찍어도 됩니다. (찍다: 撮(と)る)

→ ここでは写真(しゃしん)を＿＿＿＿＿＿＿＿＿＿＿＿＿＿＿。

08 나한테는 이야기해도 됩니다. (이야기하다: 話(はな)す)

→ 私(わたし)には＿＿＿＿＿＿＿＿＿＿＿＿＿＿＿。

09 언제라도 전화해도 됩니다. (하다: する)

→ いつでも電話(でんわ)＿＿＿＿＿＿＿＿＿＿＿＿＿＿＿。

10 커피는 마셔도 됩니다. (마시다: 飲(の)む)

→ コ-ヒ-は＿＿＿＿＿＿＿＿＿＿＿＿＿＿＿。

Point

て 주요 문형 ④

~てはいけません = ~해서는 안 됩니다

01	かう(사다) 카우	かってはいけません(사면 안 됩니다) 캇떼와이께마셍
02	まつ(기다리다) 마쯔	まってはいけません(기다리면 안 됩니다) 맛떼와이께마셍
03	つくる(만들다) 츠꾸루	つくってはいけません(만들면 안 됩니다) 츠꿋떼와이께마셍
04	のむ(마시다) 노무	のんではいけません(마시면 안 됩니다) 논데와이께마셍
05	よぶ(부르다) 요부	よんではいけません(부르면 안 됩니다) 욘데와이께마셍
06	かく(쓰다) 카꾸	かいてはいけません(쓰면 안 됩니다) 카이떼와이께마셍
07	はなす(이야기하다) 하나스	はなしてはいけません(이야기하면 안 됩니다) 하나시떼와이께마셍
08	たべる(먹다) 타베루	たべてはいけません(먹으면 안 됩니다) 타베떼와이께마셍
09	くる(오다) 쿠루	きてはいけません(오면 안 됩니다) 키떼와이께마셍
10	する(하다) 스루	してはいけません(하면 안 됩니다) 시떼와이께마셍

∞ てはいけません을 사용해서 금지 표현을 만들어보자.

01 친구에게 이야기하면 안 됩니다. (이야기하다: 話(はな)す)

→ 友達(ともだち)に＿＿＿＿＿＿＿＿＿＿＿＿＿＿＿。

02 수업 중에 자면 안 됩니다. (자다: 寝(ね)る)

→ 授業中(じゅぎょうちゅう)に＿＿＿＿＿＿＿＿＿＿＿＿＿＿＿。

03 집에서는 담배를 피우면 안 됩니다. (피우다: 吸(す)う)

→ 家(うち)ではタバコを＿＿＿＿＿＿＿＿＿＿＿＿＿＿＿。

04 아직 무리를 하면 안 됩니다. (하다: する)

→ まだ無理(むり)を＿＿＿＿＿＿＿＿＿＿＿＿＿＿＿。

05 살찌니까 밤늦게는 먹으면 안 됩니다. (먹다: 食(た)べる)

→ 太(ふと)るから夜遅(よるおそ)くは＿＿＿＿＿＿＿＿＿＿＿＿＿＿＿。

06 혼자서 오면 안 됩니다. (오다: くる)

→ 一人(ひとり)で＿＿＿＿＿＿＿＿＿＿＿＿＿＿＿。

07 안에서는 사진을 찍어서는 안 됩니다. (찍다: 撮(と)る)

→ 中(なか)では写真(しゃしん)を＿＿＿＿＿＿＿＿＿＿＿＿＿＿＿。

08 영화관에서는 떠들면 안 됩니다. (떠들다: さわぐ)

→ 映画館(えいがかん)では＿＿＿＿＿＿＿＿＿＿＿＿＿＿＿。

09 위험하니까 여기에 있으면 안 됩니다. (있다: いる)

→ 危(あぶ)ないからここに＿＿＿＿＿＿＿＿＿＿＿＿＿＿＿。

10 술을 마시면 안 됩니다. (마시다: 飲(の)む)

→ お酒(さけ)を＿＿＿＿＿＿＿＿＿＿＿＿＿＿＿。

p.176 정답

01 見(み)てもいいですか

02 休(やす)んでもいいですか

03 食(た)べてもいいです

04 聞(き)いてもいいですか

05 きてもいいです

06 吸(す)ってもいいです

07 撮(と)ってもいいです

08 話(はな)してもいいです

09 してもいいです

10 飲(の)んでもいいです

p.178 정답

01 話(はな)してはいけません

02 寝(ね)てはいけません

03 吸(す)ってはいけません

04 してはいけません

05 食(た)べてはいけません

06 きてはいけません

07 撮(と)ってはいけません

08 さわいではいけません

09 いてはいけません

10 飲(の)んではいけません

일본 버라이어티쇼를 자막 없이 깔깔대며 보고 싶은가? 어디선가 흘러나오는 J-Pop 가사가 가슴을 후벼 파길 원하는가? 명동에서 길을 잃고 헤매는 일본인 관광객에게 친절한 한국인으로 그들의 추억 속에 남고 싶은가? 그럼 암기하라! 문법도 외우고, 회화 표현도 통째로 암기하고, 단어도 외우고, 한자도 외워라. 일본어는 이해 과목이 아니라 암기 과목이다. 무조건 외워서 자주 사용하라.

"일본어를 사용할 데가 없는걸요."

아니다. 찾아보면 은근히 사용할 데가 많다. 일본어를 공부하는 친구가 있다면 외운 일본어 표현으로 문자메시지를 보내보라. 내 블로그나 SNS에 일본어로 일기를 써라. 문법을 틀리는 것이 두려워 시작하지 못하겠다고? 문법이 조금 틀리면 어떤가! 괜찮다. 어차피 실력이 쌓이고 레벨이 올라가면 예전에 자신이 쓴 문장의 오류도 스스로 찾아낼 수 있게 된다. 그래도 문장을 쓰는 것이 두렵다면 중간에 나오는 단어만 일본어로 바꿔 써보라. 어휘력을 늘리는 데 도움이 될 것이다. 그리고 학교나 학원의 일본어 선생님들을 만나면 뻔뻔하게 일본어로 질문해보라. 선생님들의 사랑을 받아 공부가 더 잘될 것이다.

그렇게 계속 일본어 내공을 쌓다보면 말문이 터지는 날이 온다. 반드시 온다. 일본인 앞에서도 주눅 들지 않고 일본어로 당당하게 말하는 자랑스러운 당신을 만날 수 있는 그날은 반드시 온다. 그러니까 외워서 자꾸 써먹어라.

맘 잡고 공부 시작!

벌써 25일째! 중간에 책을 덮지 않고 여기까지 왔다면 당신은 분명히 일본어를 잘할 수 있는 자질을 갖고 있다. 바로 끈기와 집중력이 그것이다. 그러니 조금만 더 힘내라!

책 한 권을 마스터하면 그만큼 자신감이 커질 것이고,

그 자신감은 일본어 공부를 계속해 나갈

추진력을 가져다줄 것이다.

Point

ない 주요 문형 ①

~ないでください = ~하지 마세요

01 あう(만나다) 아우	あわないでください(만나지 마세요) 아와나이데쿠다사이
02 まつ(기다리다) 마쯔	またないでください(기다리지 마세요) 마따나이데쿠다사이
03 のる(타다) 노루	のらないでください(타지 마세요) 노라나이데쿠다사이
04 のむ(마시다) 노무	のまないでください(마시지 마세요) 노마나이데쿠다사이
05 あそぶ(놀다) 아소부	あそばないでください(놀지 마세요) 아소바나이데쿠다사이
06 かく(쓰다) 카꾸	かかないでください(쓰지 마세요) 카까나이데쿠다사이
07 はなす(이야기하다) 하나스	はなさないでください(이야기하지 마세요) 하나사나이데쿠다사이
08 たべる(먹다) 타베루	たべないでください(먹지 마세요) 타베나이데쿠다사이
09 する(하다) 스루	しないでください(하지 마세요) 시나이데쿠다사이
10 くる(오다) 쿠루	こないでください(오지 마세요) 코나이데쿠다사이

TEST

∞ ないでください를 사용해서 하지 말라고 부탁해보자.

01 차가운 것은 먹지 마세요. (먹다: 食べる)

→ 冷たいものは________________。

02 이 가게에는 절대로 가지 마세요. (가다: 行く)

→ この店には絶対________________。

03 나를 잊지 마세요. (잊다: 忘れる)

→ 私を________________。

04 무리하지 마세요. (하다: する)

→ 無理________________。

05 아직 포기하지 마세요. (포기하다: あきらめる)

→ まだ________________。

06 비밀이니까 다른 사람에게 이야기하지 마세요. (이야기하다: 話す)

→ 内緒だから他の人に________________。

07 내 앞에서는 울지 마세요. (울다: 泣く)

→ 私の前では________________。

08 여기에 오지 마세요. (오다: くる)

→ ここに________________。

09 친구를 괴롭히지 마세요. (괴롭히다: いじめる)

→ 友達を________________。

10 주차장에서 놀지 마세요. (놀다: 遊ぶ)

→ 駐車場で________________。

Point

ない 주요 문형 ②

~なくてもいいです = ~하지 않아도 됩니다

01	あう(만나다) 아우	あわなくてもいいです(만나지 않아도 됩니다) 아와나꾸떼모이-데스
02	まつ(기다리다) 마쯔	またなくてもいいです(기다리지 않아도 됩니다) 마따나꾸떼모이-데스
03	のる(타다) 노루	のらなくてもいいです(타지 않아도 됩니다) 노라나꾸떼모이-데스
04	のむ(마시다) 노무	のまなくてもいいです(마시지 않아도 됩니다) 노마나꾸떼모이-데스
05	よぶ(부르다) 요부	よばなくてもいいです(부르지 않아도 됩니다) 요바나꾸떼모이-데스
06	かく(쓰다) 카꾸	かかなくてもいいです(쓰지 않아도 됩니다) 카까나꾸떼모이-데스
07	はなす(이야기하다) 하나스	はなさなくてもいいです(이야기하지 않아도 됩니다) 하나사나꾸떼모이-데스
08	たべる(먹다) 타베루	たべなくてもいいです(먹지 않아도 됩니다) 타베나꾸떼모이-데스
09	する(하다) 스루	しなくてもいいです(하지 않아도 됩니다) 시나꾸떼모이-데스
10	くる(오다) 쿠루	こなくてもいいです(오지 않아도 됩니다) 코나꾸떼모이-데스

TEST

∞ ~なくてもいいです를 사용해서, 하지 않아도 된다고 말해보자.

01 걱정하지 않아도 됩니다. (하다: する)

→ 心配(しんぱい)＿＿＿＿＿＿＿＿＿＿。

02 선물은 사지 않아도 됩니다. (사다: 買(か)う)

→ お土産(みやげ)は＿＿＿＿＿＿＿＿＿＿。

03 내일은 오지 않아도 됩니다. (오다: くる)

→ 明日(あした)は＿＿＿＿＿＿＿＿＿＿。

04 같이 가지 않아도 됩니다. (가다: 行(い)く)

→ 一緒(いっしょ)に＿＿＿＿＿＿＿＿＿＿。

05 오늘은 기다리지 않아도 됩니다. (기다리다: 待(ま)つ)

→ 今日(きょう)は＿＿＿＿＿＿＿＿＿＿。

06 약은 먹지 않아도 됩니다. (약을 먹다: 薬(くすり)を飲(の)む)

→ 薬(くすり)は＿＿＿＿＿＿＿＿＿＿。

07 주소는 쓰지 않아도 됩니다. (쓰다: 書(か)く)

→ 住所(じゅうしょ)は＿＿＿＿＿＿＿＿＿＿。

08 그 이야기는 이야기하지 않아도 됩니다. (이야기하다: 話(はな)す)

→ その話(はなし)は＿＿＿＿＿＿＿＿＿＿。

09 타나카 씨는 부르지 않아도 됩니다. (부르다: 呼(よ)ぶ)

→ 田中(たなか)さんは＿＿＿＿＿＿＿＿＿＿。

10 일찍 일어나지 않아도 됩니다. (일어나다: 起(お)きる)

→ 早(はや)く＿＿＿＿＿＿＿＿＿＿。

p.183 정답

01 食(た)べないでください

02 行(い)かないでください

03 忘(わす)れないでください

04 しないでください

05 あきらめないでください

06 話(はな)さないでください

07 泣(な)かないでください

08 こないでください

09 いじめないでください

10 遊(あそ)ばないでください

p.185 정답

01 しなくてもいいです

02 買(か)わなくてもいいです

03 こなくてもいいです

04 行(い)かなくてもいいです

05 待(ま)たなくてもいいです

06 飲(の)まなくてもいいです

07 書(か)かなくてもいいです

08 話(はな)さなくてもいいです

09 呼(よ)ばなくてもいいです

10 起(お)きなくてもいいです

흔히 외국어를 잘하려면 외국인 친구를 사귀는 것이 제일 빠른 방법이라고 한다. 맞는 말이다. 학원이나 학교에서 아무리 열심히 배워도 직접 듣고 말할 기회가 없어 연습을 못하면 외국어는 말문이 트이는 데 시간이 오래 걸린다. 일본에서 공부하는 유학생도 아니고 한국에서 어떻게 일본인 친구를 만들 것인가? 느닷없이 지나가는 일본인을 붙잡고 친구하자고 할 수도 없는 노릇이고. 그렇다고 쉽게 포기하고 풀 죽을 필요는 없다. 찾는 자에게 길이 있다고, 방법은 찾으면 되는 거니까.

먼저 인스타그램, 페이스북, 트위터 같은 소셜네트워크(SNS)를 통해 교류할 수 있는 일본인 친구를 만들어 보는 게 어떨까? 일본에도 한국의 문화에 관심이 있거나 K-Pop, K-Drama, K-Food를 좋아하는 사람들이 많이 있다. 이런 관련 해시태그를 찾아보거나, 韓国人(かんこくじん)と繋(つな)がりたい(한국인과 친해지고 싶어요)와 같이 한국인 친구를 적극적으로 원하는 사람의 SNS에 관심을 표하거나 괜찮으면 메시지를 보내보는 것도 방법이다. 그리고 요즘은 '원어민과 채팅하면서 현지 문화 알기'와 같은 슬로건을 내건 펜팔 앱도 많이 나와 있어서 이런 앱으로도 쉽게 일본인 친구를 만들 수 있다.

아직 일본어가 서툴러서 선뜻 말 걸기가 두렵다면 용기를 내보자. 유창한 일본어가 아니어도 좋다. 친구란 가슴으로 사귀는 것이 아니던가. 서툰 일본어지만 감정을 담아 정성을 다해 소통하다 보면 분명 좋은 친구를 만날 수 있을 것이다.

맘 잡고 공부 시작!

공손체인 ます형과 연결형인 て형이 중요하다는 것은 계속 이야기해서 잘 알고 있을 것이다. 그렇다고 부정형인 ない형을 소홀히 해서는 안 된다. 25일째에 이어 오늘도 부정형을 사용해 부드러운 어드바이스 표현과 '꼭 해야 한다' 라는 의무 표현을 공부해보자.

Point

ない 주요 문형 ③

~ないほうがいいです = ~하지 않는 편이 좋아요

01 あう(만나다) 아우	あわないほうがいいです(만나지 않는 편이 좋아요) 아와나이호-가이-데스
02 まつ(기다리다) 마쯔	またないほうがいいです(기다리지 않는 편이 좋아요) 마따나이호-가이-데스
03 のる(타다) 노루	のらないほうがいいです(타지 않는 편이 좋아요) 노라나이호-가이-데스
04 のむ(마시다) 노무	のまないほうがいいです(마시지 않는 편이 좋아요) 노마나이호-가이-데스
05 よぶ(부르다) 요부	よばないほうがいいです(부르지 않는 편이 좋아요) 요바나이호-가이-데스
06 かく(쓰다) 카꾸	かかないほうがいいです(쓰지 않는 편이 좋아요) 카까나이호-가이-데스
07 はなす(이야기하다) 하나스	はなさないほうがいいです(이야기하지 않는 편이 좋아요) 하나사나이호-가이-데스
08 たべる(먹다) 타베루	たべないほうがいいです(먹지 않는 편이 좋아요) 타베나이호-가이-데스
09 する(하다) 스루	しないほうがいいです(하지 않는 편이 좋아요) 시나이호-가이-데스
10 くる(오다) 쿠루	こないほうがいいです(오지 않는 편이 좋아요) 코나이호-가이-데스

TEST

∞ ないほうがいいです를 사용해서 부드럽게 어드바이스 해보자.

01 여자에게 나이는 묻지 않는 것이 좋아요. (묻다: 聞く)

→ 女性に年は________________。

02 자기 전에는 커피를 안 마시는 편이 좋아요. (마시다: 飲む)

→ 寝る前にはコ-ヒ-を________________。

03 일은 그만두지 않는 편이 좋아요. (그만두다: やめる)

→ 仕事は________________。

04 무서우니까 보지 않는 편이 좋아요. (보다: 見る)

→ 怖いから________________。

05 친구에게 돈은 안 빌려주는 편이 좋아요. (빌려주다: 貸す)

→ 友達にお金は________________。

06 담배는 피우지 않는 편이 좋아요. (피우다: 吸う)

→ タバコは________________。

07 무리한 다이어트는 하지 않는 편이 좋아요. (하다: する)

→ 無理なダイエットは________________。

08 기름진 것은 먹지 않는 편이 좋아요. (먹다: 食べる)

→ あぶらっこいものは________________。

09 옛날 남자 친구는 만나지 않는 편이 좋아요. (만나다: 会う)

→ モトカレは________________。

10 여자 친구에게 이야기하지 않는 편이 좋아요. (이야기하다: 話す)

→ 彼女に________________。

Point

ない 주요 문형 ④

~なければなりません = ~하지 않으면 안 됩니다
꼭 ~해야 합니다

01 あう(만나다) 아우 — あわなければなりません(만나야 합니다) 아와나께레바나리마셍

02 まつ(기다리다) 마쯔 — またなければなりません(기다려야 합니다) 마따나께레바나리마셍

03 のる(타다) 노루 — のらなければなりません(타야 합니다) 노라나께레바나리마셍

04 のむ(마시다) 노무 — のまなければなりません(마셔야 합니다) 노마나께레바나리마셍

05 よぶ(부르다) 요부 — よばなければなりません(불러야 합니다) 요바나께레바나리마셍

06 かく(쓰다) 카꾸 — かかなければなりません(써야 합니다) 카까나께레바나리마셍

07 はなす(이야기하다) 하나스 — はなさなければなりません(이야기해야 합니다) 하나사나께레바나리마셍

08 たべる(먹다) 타베루 — たべなければなりません(먹어야 합니다) 타베나께레바나리마셍

09 する(하다) 스루 — しなければなりません(해야 합니다) 시나께레바나리마셍

10 くる(오다) 쿠루 — こなければなりません(와야 합니다) 코나께레바나리마셍

∞ なければなりません을 사용해서 꼭 해야 할 일을 말해보자.

01 약속이 있어서 가야 합니다. (가다: 行く)

→ 約束があって、＿＿＿＿＿＿＿＿＿＿。

02 긴자 역에서 갈아타야 합니다. (갈아타다: 乗り換える)

→ 銀座駅で＿＿＿＿＿＿＿＿＿＿。

03 집세를 내야 합니다. (지불하다: 払う)

→ 家賃を＿＿＿＿＿＿＿＿＿＿。

04 남자 친구에게 전화를 해야 합니다. (하다: する)

→ 彼氏に電話を＿＿＿＿＿＿＿＿＿＿。

05 친구생일이라서 선물을 사야 합니다. (사다: 買う)

→ 友達の誕生日だからプレゼントを＿＿＿＿＿＿＿＿＿＿。

06 반드시 신발을 벗어야 합니다. (벗다: ぬぐ)

→ かならず靴を＿＿＿＿＿＿＿＿＿＿。

07 토요일도 와야 합니다. (오다: くる)

→ 土曜日も＿＿＿＿＿＿＿＿＿＿。

08 오늘은 일찍 자야 합니다. (자다: 寝る)

→ 今日は早く＿＿＿＿＿＿＿＿＿＿。

09 솔직히 이야기해야 합니다. (이야기하다: 話す)

→ 正直に＿＿＿＿＿＿＿＿＿＿。

10 잠시 쉬어야 합니다. (쉬다: 休む)

→ ちょっと＿＿＿＿＿＿＿＿＿＿。

p.192 정답

01 行かなければなりません
02 乗り換えなければなりません
03 払わなければなりません
04 しなければなりません
05 買わなければなりません
06 ぬがなければなりません
07 こなければなりません
08 寝なければなりません
09 話さなければなりません
10 休まなければなりません

p.190 정답

01 聞かないほうがいいです
02 飲まないほうがいいです
03 やめないほうがいいです
04 見ないほうがいいです
05 貸さないほうがいいです
06 吸わないほうがいいです
07 しないほうがいいです
08 食べないほうがいいです
09 会わないほうがいいです
10 話さないほうがいいです

여러분도 책만 덮으면 일본어가 하나도 생각나지 않고 머릿속이 새하얘지는가? 그렇다면 지금 당장 포스트잇을 준비해라. 그리고 **포스트잇에 단어를 써서 집안 구석구석에 붙여라!** 화장대 위에는 거울 鏡(かがみ), 빗 くし, 화장품 化粧品(けしょうひん) 등의 단어를 붙이고, 냉장고 문에는 냉장고 冷蔵庫(れいぞうこ), 야채 野菜(やさい), 과일 果物(くだもの), 달걀 卵(たまご), 음료수 飲(の)み物(もの), 얼음 氷(こおり) 같은 단어들을 써서 붙여라. 자꾸 보고 떠올리고 외워야 한다.

단어장을 만드는 방법도 좋다. 한 손에 들어갈 만한 수첩을 하나 사라. 그리고 **나만의 단어장을 만들어보자.** 테마별로 정리하든 그날 공부한 단어를 정리하든 상관없다. 사전도 한번 찾아보고, 관련 예문도 적어보고, 잘 외워지지 않는 단어는 빨간 펜으로 밑줄도 그어가며 나만의 단어장을 매일 꾸준히 만들어가라.

그리고 **자투리 시간을 이용해서 틈틈이 단어장을 들여다보는 습관을 들여라.** 대중교통을 타고 이동할 때나 친구를 기다리는 동안, 짬이 날 때마다 이 단어장을 들여다보며 입으로 중얼거려라. 단어를 외울 때는 눈과 귀와 입을 다 사용하는 것이 더 효과적이니 단어장을 보며 늘 웅얼거려라. 기억하라! **책상 위에서만 일본어를 해서는 일본어 실력이 빨리 늘지 않는다.**

맘 잡고 공부 시작!

여러분 혹시 양다리를 걸쳐본 적 있는가? 개구리를 먹어본 적은? 술을 마시고 필름이 끊겨본 적은? 이렇게 ~한 적이 있다, ~한 적이 없다 라고 여러분의 과거 경험 유무를 이야기하고 싶다면, 20일째에 공부한 과거형을 한번 슬쩍 훑어본 후 오늘 공부를 시작하자.

Point

た 주요 문형 ①

~たことがあります = ~한 적이 있습니다

01 かう(사다)
카우
かったことがあります(산 적이 있습니다)
캇따꼬또가아리마스

02 まつ(기다리다)
마쯔
まったことがあります(기다린 적이 있습니다)
맛따꼬또가아리마스

03 つくる(만들다)
츠꾸루
つくったことがあります(만든 적이 있습니다)
츠꿋따꼬또가아리마스

04 のむ(마시다)
노무
のんだことがあります(마신 적이 있습니다)
논다꼬또가아리마스

05 よぶ(부르다)
요부
よんだことがあります(부른 적이 있습니다)
욘다꼬또가아리마스

06 かく(쓰다)
카꾸
かいたことがあります(쓴 적이 있습니다)
카이따꼬또가아리마스

07 はなす(이야기하다)
하나스
はなしたことがあります(이야기한 적이 있습니다)
하나시따꼬또가아리마스

08 たべる(먹다)
타베루
たべたことがあります(먹은 적이 있습니다)
타베따꼬또가아리마스

09 くる(오다)
쿠루
きたことがあります(온 적이 있습니다)
키따꼬또가아리마스

10 する(하다)
스루
したことがあります(한 적이 있습니다)
시따꼬또가아리마스

∞ たことがあります를 사용해서 과거 경험을 말해보자.

01 **일본 영화를 본 적이 있습니다.** (보다: 見る)

→ 日本の映画を＿＿＿＿＿＿＿＿＿＿＿＿＿＿。

02 **보드카를 마셔본 적이 있습니다.** (마시다: 飲む)

→ ウオッカを＿＿＿＿＿＿＿＿＿＿＿＿＿＿。

03 **비행기를 타본 적이 있습니다.** (타다: 乗る)

→ 飛行機に＿＿＿＿＿＿＿＿＿＿＿＿＿＿。

04 **중국어를 배워본 적이 있습니다.** (배우다: 習う)

→ 中国語を＿＿＿＿＿＿＿＿＿＿＿＿＿＿。

05 **집에서 타코야끼를 만들어본 적이 있습니다.** (만들다: 作る)

→ 家でたこ焼きを＿＿＿＿＿＿＿＿＿＿＿＿＿＿。

06 **노래방에서 일본 노래를 불러본 적이 있습니다.** (노래 부르다: 歌う)

→ カラオケで日本の歌を＿＿＿＿＿＿＿＿＿＿＿＿＿＿。

07 **혼자서 여행을 해본 적이 있나요?** (하다: する)

→ 一人で旅行を＿＿＿＿＿＿＿＿＿＿＿＿＿＿。

08 **드라마를 보고 운 적이 있나요?** (울다: 泣く)

→ ドラマを見て＿＿＿＿＿＿＿＿＿＿＿＿＿＿。

09 **일본에 간 적이 있습니까?** (가다: 行く)

→ 日本に＿＿＿＿＿＿＿＿＿＿＿＿＿＿。

10 **오코노미야끼를 먹어본 적이 있습니까?** (먹다: 食べる)

→ お好み焼きを＿＿＿＿＿＿＿＿＿＿＿＿＿＿。

Point

た 주요 문형 ②

~たことがないです = ~한 적이 없습니다

01	かう(사다) 카우	かったことがないです(산 적이 없습니다) 캇따꼬또가나이데스
02	まつ(기다리다) 마쯔	まったことがないです(기다린 적이 없습니다) 맛따꼬또가나이데스
03	つくる(만들다) 츠꾸루	つくったことがないです(만든 적이 없습니다) 츠꿋따꼬또가나이데스
04	のむ(마시다) 노무	のんだことがないです(마신 적이 없습니다) 논다꼬또가나이데스
05	よぶ(부르다) 요부	よんだことがないです(부른 적이 없습니다) 욘다꼬또가나이데스
06	かく(쓰다) 카꾸	かいたことがないです(쓴 적이 없습니다) 카이따꼬또가나이데스
07	はなす(이야기하다) 하나스	はなしたことがないです(이야기한 적이 없습니다) 하나시따꼬또가나이데스
08	たべる(먹다) 타베루	たべたことがないです(먹은 적이 없습니다) 타베따꼬또가나이데스
09	くる(오다) 쿠루	きたことがないです(온 적이 없습니다) 키따꼬또가나이데스
10	する(하다) 스루	したことがないです(한 적이 없습니다) 시따꼬또가나이데스

TEST

∞ たことがないです를 사용해서 해본 적 없는 일을 말해보자.

01 **일본사람과 이야기해본 적이 없습니다.** (이야기하다: 話(はな)す)

→ 日本人(にほんじん)と________________。

02 **초밥을 먹어본 적이 없습니다.** (먹다: 食(た)べる)

→ すしを________________。

03 **한 번도 칵테일을 마셔본 적이 없습니다.** (마시다: 飲(の)む)

→ 一度(いちど)もカクテルを________________。

04 **그런 이야기는 들어본 적이 없습니다.** (듣다: 聞(き)く)

→ そんな話(はなし)は________________。

05 **아직 아르바이트를 해본 적이 없습니다.** (하다: する)

→ まだアルバイトを________________。

06 **인터넷에서 옷을 산 적이 없습니다.** (사다: 買(か)う)

→ インタ-ネットで服(ふく)を________________。

07 **야마다 씨를 만난 적이 없습니다.** (만나다: 会(あ)う)

→ 山田(やまだ)さんに________________。

08 **여기에 온 적이 없습니다.** (오다: くる)

→ ここに________________。

09 **결혼은 아직 생각해본 적이 없습니다.** (생각하다: 考(かんが)える)

→ 結婚(けっこん)はまだ________________。

10 **일본어로 메일을 쓴 적이 없습니다.** (쓰다: 書(か)く)

→ 日本語(にほんご)でメ-ルを________________。

p.197 정답

01 見(み)たことがあります

02 飲(の)んだことがあります

03 乗(の)ったことがあります

04 習(なら)ったことがあります

05 作(つく)ったことがあります

06 歌(うた)ったことがあります

07 したことがありますか

08 泣(な)いたことがありますか

09 行(い)ったことがありますか

10 食(た)べたことがありますか

p.199 정답

01 話(はな)したことがないです

02 食(た)べたことがないです

03 飲(の)んだことがないです

04 聞(き)いたことがないです

05 したことがないです

06 買(か)ったことがないです

07 会(あ)ったことがないです

08 きたことがないです

09 考(かんが)えたことがないです

10 書(か)いたことがないです

"일본어는 처음에는 쉽지만 하면 할수록 어렵다던데 사실인가요?"

아니다. 일본어는 처음 공부를 시작할 때에도 쉽고, 공부를 하면 할수록 탄력이 붙어 더 쉬워진다. 문제는 여러분이 초심을 잃는다는 것이다. 처음에는 공부를 열심히 하지만 나중에는 점점 소홀히 하니까 어렵게 느껴지는 것이다.

"외워야 할 한자도 너무 많고 문법도 복잡해요."

그렇다. 아무리 쉽다고 해도 일본어도 외국어다. 3개월 정도 공부하고 일본인 앞에서 말이 척척 나오고, NHK가 술술 들리고, 일본어능력시험에서 좋은 성적을 거두리라고 생각했는가? 그렇게 생각했다면 그건 큰 오산이다. 외국어 마스터의 길은 그리 만만치 않다.

외국어는 지구력을 가지고 공부해야 한다. 일본어를 빨리 잘하고 싶은 마음에 조급하게 생각하면 되레 금방 지쳐버린다. 에잇, 열심히 했는데도 왜 실력이 쑥쑥 늘지 않는 거지? 좀 쉬었다 해야지. 이렇게 조금 하다 쉬고, 다시 시작하고 다시 쉬고, 악순환은 계속된다. 그런 학생들은 초급에서 벗어나지 못하고 늘 제자리걸음이다.

외국어 마스터는 100미터 단거리 경주가 아니다. 마라톤이다. 마라톤은 처음에 전력 질주를 하다 쓰러져버리면 완주할 수 없다. 끝까지 완주할 수 있다는 자신감을 가지고 페이스를 조절해서 끝까지 달려가길 바란다. 일본어를 처음 시작할 때의 그 반짝이던 초심을 잃지 않고, 1개월, 3개월, 6개월, 그리고 1년, 2년... 묵묵히 하다보면 여러분도 누구나 부러워하는 일본어의 달인이 될 수 있다. 힘내자!

맘 잡고 공부 시작!

처음엔 히라가나도 몰랐는데 점점 일본어에 흥미를 느끼고, 그러다 갑자기 어려운 문법이 마구 쏟아져 포기하고 싶었던 날들도 많았을 것이다. 그러나 여러분 기뻐하시라! 이제 일본어 기초 다지기의 고지가 얼마 남지 않았다! 오늘이 드디어 28일째!

힘내라, 힘! がんばれ~がんばれ~

Point

た 주요 문형 ③

~たほうがいいです = ~하는 편이 좋습니다

01	かう(사다) 카우	かったほうがいいです(사는 편이 좋습니다) 캇따호-가이-데스
02	まつ(기다리다) 마쯔	まったほうがいいです(기다리는 편이 좋습니다) 맛따호-가이-데스
03	つくる(만들다) 츠꾸루	つくったほうがいいです(만드는 편이 좋습니다) 츠꿋따호-가이-데스
04	のむ(마시다) 노무	のんだほうがいいです(마시는 편이 좋습니다) 논다호-가이-데스
05	よぶ(부르다) 요부	よんだほうがいいです(부르는 편이 좋습니다) 욘다호-가이-데스
06	かく(쓰다) 카꾸	かいたほうがいいです(쓰는 편이 좋습니다) 카이따호-가이-데스
07	はなす(이야기하다) 하나스	はなしたほうがいいです(이야기하는 편이 좋습니다) 하나시따호-가이-데스
08	たべる(먹다) 타베루	たべたほうがいいです(먹는 편이 좋습니다) 타베따호-가이-데스
09	くる(오다) 쿠루	きたほうがいいです(오는 편이 좋습니다) 키따호-가이-데스
10	する(하다) 스루	したほうがいいです(하는 편이 좋습니다) 시따호-가이-데스

TEST

∞ たほうがいいです를 써서 친절하게 어드바이스 해보자.

01 그 아르바이트는 그만두는 편이 좋아요. (그만두다: やめる)

→ そのアルバイトは＿＿＿＿＿＿＿＿＿＿。

02 애인이랑 헤어지는 편이 좋아요. (헤어지다: 別(わか)れる)

→ 恋人(こいびと)と＿＿＿＿＿＿＿＿＿＿。

03 나쁜 일은 빨리 잊어버리는 편이 좋아요. (잊다: 忘(わす)れる)

→ 悪(わる)いことは早(はや)く＿＿＿＿＿＿＿＿＿＿。

04 젊을 때 많이 노는 편이 좋아요. (놀다: 遊(あそ)ぶ)

→ 若(わか)いうちにたくさん＿＿＿＿＿＿＿＿＿＿。

05 일찍 자고 일찍 일어나는 편이 좋아요. (일어나다: 起(お)きる)

→ 早(はや)く寝(ね)て早(はや)く＿＿＿＿＿＿＿＿＿＿。

06 졸릴 때는 커피를 마시는 편이 좋아요. (마시다: 飲(の)む)

→ 眠(ねむ)い時(とき)はコ-ヒ-を＿＿＿＿＿＿＿＿＿＿。

07 매일 한자를 외우는 편이 좋아요. (외우다: 覚(おぼ)える)

→ 毎日漢字(まいにちかんじ)を＿＿＿＿＿＿＿＿＿＿。

08 과일과 야채는 많이 먹는 편이 좋아요. (먹다: 食(た)べる)

→ 果物(くだもの)と野菜(やさい)はたくさん＿＿＿＿＿＿＿＿＿＿。

09 예습과 복습은 하는 편이 좋아요. (하다: する)

→ 予習(よしゅう)と復習(ふくしゅう)は＿＿＿＿＿＿＿＿＿＿。

10 일본어로 일기를 쓰는 편이 좋아요. (쓰다: 書(か)く)

→ 日本語(にほんご)で日記(にっき)を＿＿＿＿＿＿＿＿＿＿。

Point

た 주요 문형 ④

~たらどうですか = ~하는 게 어때요?

01	かう(사다) 카우	かったらどうですか(사는 게 어때요?) 캇따라도-데스까
02	まつ(기다리다) 마쯔	まったらどうですか(기다리는 게 어때요?) 맛따라도-데스까
03	つくる(만들다) 츠꾸루	つくったらどうですか(만드는 게 어때요?) 츠꿋따라도-데스까
04	のむ(마시다) 노무	のんだらどうですか(마시는 게 어때요?) 논다라도-데스까
05	よぶ(부르다) 요부	よんだらどうですか(부르는 게 어때요?) 욘다라도-데스까
06	かく(쓰다) 카꾸	かいたらどうですか(쓰는 게 어때요?) 카이따라도-데스까
07	はなす(이야기하다) 하나스	はなしたらどうですか(이야기하는 게 어때요?) 하나시따라도-데스까
08	たべる(먹다) 타베루	たべたらどうですか(먹는 게 어때요?) 타베따라도-데스까
09	くる(오다) 쿠루	きたらどうですか(오는 게 어때요?) 키따라도-데스까
10	する(하다) 스루	したらどうですか(하는 게 어때요?) 시따라도-데스까

TEST

∞ たらどうですか를 써서 적극적으로 어드바이스 해보자.

01 다이어트를 하는 게 어때요? (하다: する)

→ ダイエットを＿＿＿＿＿＿＿＿＿＿。

02 집에 돌아가 쉬는 게 어때요? (쉬다: 休(やす)む)

→ 家(うち)に帰(かえ)って＿＿＿＿＿＿＿＿＿＿。

03 도서관에서 책을 빌리는 게 어때요? (빌리다: 借(か)りる)

→ 図書館(としょかん)で本(ほん)を＿＿＿＿＿＿＿＿＿＿。

04 병원에 가는 게 어때요? (가다: 行(い)く)

→ 病院(びょういん)に＿＿＿＿＿＿＿＿＿＿。

05 버스보다 전철을 타는 게 어때요? (타다: 乗(の)る)

→ バスより電車(でんしゃ)に＿＿＿＿＿＿＿＿＿＿。

06 우유를 마시는 게 어때요? (마시다: 飲(の)む)

→ 牛乳(ぎゅうにゅう)を＿＿＿＿＿＿＿＿＿＿。

07 이제 포기하는 게 어때요? (포기하다: あきらめる)

→ もう＿＿＿＿＿＿＿＿＿＿。

08 다른 사람에게 물어보는 게 어때요? (물어보다: 聞(き)いてみる)

→ 他(ほか)の人(ひと)に＿＿＿＿＿＿＿＿＿＿。

09 일본 드라마를 보는 게 어때요? (보다: 見(み)る)

→ 日本(にほん)のドラマを＿＿＿＿＿＿＿＿＿＿。

10 새 가방을 사는 게 어때요? (사다: 買(か)う)

→ 新(あたら)しいかばんを＿＿＿＿＿＿＿＿＿＿。

p.204 정답

01 やめたほうがいいです

02 別(わか)れたほうがいいです

03 忘(わす)れたほうがいいです

04 遊(あそ)んだほうがいいです

05 起(お)きたほうがいいです

06 飲(の)んだほうがいいです

07 覚(おぼ)えたほうがいいです

08 食(た)べたほうがいいです

09 したほうがいいです

10 書(か)いたほうがいいです

p.206 정답

01 したらどうですか

02 休(やす)んだらどうですか

03 借(か)りたらどうですか

04 行(い)ったらどうですか

05 乗(の)ったらどうですか

06 飲(の)んだらどうですか

07 あきらめたらどうですか

08 聞(き)いてみたらどうですか

09 見(み)たらどうですか

10 買(か)ったらどうですか

일본어를 배운 지 얼마 되지 않았을 무렵, 나는 일본인 친구들의 말투며 억양을 따라하는 게 일본어 공부의 큰 재미였다. 문제는 내 주변에 이성 친구들, 즉 남자 친구들이 꽤 많이 있었다는 것. 남자 친구들의 말투를 흉내 내는 내게 한 일본인 친구가 진심어린 충고를 해주었다. 제발 말을 좀 예쁘게 하라는 것. 여자가 그런 거친 말투를 쓰면 정말 비호감이라는 것이었다.

그 당시 나는 '밥'을 ご飯(はん)이 아닌 めし, '먹다'를 食(た)べる가 아닌 食(く)う라고 했으며, '배고프다'도 お腹(なか)すいた가 아닌 腹(はら)へった를 썼었다. 이런 단어들은 남자들이 쓰는 단어로, 나 같은 여자들은 이런 단어를 거의 쓰지 않는다는 것을 그 당시에는 몰랐다. 그렇다. 일본어에는 이렇게 남자들이 자주 쓰는 단어와 여자들이 자주 쓰는 단어가 있다.

그럼 단어를 일일이 다 구분해서 외워야 해? 라며 울컥했다면 워~ 워~ 진정하길 바란다. 모든 단어가 그런 것이 아니라 아주 일부 그런 단어들이 있다는 것뿐이니 어렵게 생각할 필요는 없다. 일본어의 말투 또한 여자들의 말투는 여성스럽고 귀여운 느낌이 들며 남자들의 말투는 약간 터프한 느낌이 든다. 이런 것들은 문법적으로 따로 공부하기보다는, 일본 방송이나 드라마를 많이 보면 저절로 구분할 수 있는 능력이 생기니 너무 걱정하지는 말자.

그리고 자연스러운 일본인 억양과 말투를 만들고 싶다면 롤모델을 정하는 것이 좋다. 좋아하는 일본 연예인을 정해 드라마 속 말투를 흉내 내는 것이다. 남자라면 키무라 타쿠야의 터프한 말투, 여자라면 후카다 쿄코의 콧소리 강한 귀여운 말투도 좋을 것 같다.

완전절친 단어장

신체

頭(あたま)	아따마	머리
髪(かみ)の毛(け)	카미노께	머리카락
額(ひたい)	히따이	이마
目(め)	메	눈
まゆげ	마유게	눈썹
まつげ	마쯔게	속눈썹
瞳(ひとみ)	히또미	눈동자
鼻(はな)	하나	코
口(くち)	쿠찌	입
唇(くちびる)	쿠찌비루	입술
舌(した)	시따	혀
あご	아고	턱
耳(みみ)	미미	귀
首(くび)	쿠비	목
喉(のど)	노도	목구멍
胸(むね) / おっぱい	무네 / 옵빠이	가슴
肩(かた)	카따	어깨
手(て)	테	손
指(ゆび)	유비	손가락
腕(うで)	우데	팔
お腹(なか)	오나까	배
背中(せなか)	세나까	등
腰(こし)	코시	허리
足(あし)	아시	다리, 발
もも	모모	허벅지
しり	시리	엉덩이
めくそ	메쿠소	눈곱
みみくそ	미미쿠소	귓밥
はなくそ	하나쿠소	코딱지
大便(だいべん) / うんこ	다이벤 / 운꼬	똥
小便(しょうべん) / おしっこ	쇼-벤 / 오식꼬	오줌
くしゃみ	쿠샤미	재채기
しゃくり	샤꾸리	딸꾹질
あくび	아쿠비	하품
げっぷ	겝뿌	트림
肌(はだ)	하다	피부
しみ	시미	기미

にきび	니끼비	여드름
しわ	시와	주름
そばかす	소바까스	주근깨
あざ	아자	점, 멍
血 (ち)	치	피
筋肉 (きんにく)	킨니꾸	근육
骨 (ほね)	호네	뼈

성격

うそつき	우소쯔끼	거짓말쟁이
臆病だ (おくびょう)	오꾸뵤-다	겁이 많다
弱虫 (よわむし)	요와무시	겁쟁이
泣き虫 (な・むし)	나끼무시	울보
嫉妬深い (しっとぶか)	싯또-부까이	질투심이 많다
いたずらっこ	이타즈락꼬	개구쟁이
意地っ張り (いじ・ぱ)	이집빠리	고집불통
けち	케찌	구두쇠
生意気だ (なまいき)	나마이끼다	건방지다
まじめだ	마지메다	성실하다
自己中だ (じこちゅう)	지꼬츄-다	자기중심적이다
優しい (やさ)	야사시-	상냥하다
積極的だ (せっきょくてき)	섹꾜꾸떼끼다	적극적이다
消極的だ (しょうきょくてき)	쇼-꾜꾸떼끼다	소극적이다
欲張り (よくば)	요꾸바리	욕심쟁이
そそっかしい	소속까시-	덜렁대다
気が長い (き・なが)	키가나가이	성격이 느긋하다
気が短い (き・みじか)	키가미지까이	성격이 급하다
頑固だ (がんこ)	강꼬다	완고하다
気が弱い (き・よわ)	키가요와이	마음이 약하다
むてっぽう	무뗍뽀-	앞뒤 생각 없이 행동함
はずかしがりや	하즈까시가리야	부끄럼쟁이
さびしがりや	사비시가리야	외로움을 타는 사람
のんきだ	농끼다	무사태평함
乱暴だ (らんぼう)	람보-다	난폭하다
おしゃべり	오샤베리	수다쟁이
礼儀正しい (れいぎただ)	레-기타다시-	예의 바르다
卑怯だ (ひきょう)	히쿄-다	비겁하다
賢い (かしこ)	카시꼬이	총명하다

쇼핑

買(か)い物(もの)	카이모노	쇼핑
買(か)う	카우	사다
売(う)る	우루	팔다
似(に)合(あ)う	니아우	어울리다
気(き)に入(い)る	키니이루	마음에 들다
店(みせ)	미세	가게
試着室(しちゃくしつ)	시챠꾸시쯔	시착실
払(はら)う	하라우	지불하다
高(たか)い	타까이	비싸다
安(やす)い	야스이	싸다
商品券(しょうひんけん)	쇼-힝껭	상품권
領収書(りょうしゅうしょ) / レシ-ト	료-슈-쇼 / 레시-또	영수증
小切手(こぎって)	코깃떼	수표
セール品(ひん)	세-루힝	세일제품
ビニールぶくろ	비니-루부꾸로	비닐봉지
本物(ほんもの)	홈모노	진짜
偽物(にせもの)	니세모노	가짜
おつり	오쯔리	거스름 돈
割引(わりび)き	와리비끼	할인
値引(ねび)き	네비끼	값을 깎음
交換(こうかん)	코-캉	교환
払(はら)い戻(もど)し	하라이모도시	환불
前払(まえばら)い	마에바라이	선불
後払(あとばら)い	아또바라이	후불
一括払(いっかつばら)い	익까쯔바라이	일시불
分割払(ぶんかつばら)い	분까쯔바라이	할부

패션

服(ふく)	후꾸	옷
服屋(ふくや)	후꾸야	옷가게
着(き)る	키루	입다
履(は)く	하꾸	신다
脱(ぬ)ぐ	누구	벗다
スーツ	수-쯔	정장
ノースリーブ	노-스리-부	민소매
半袖(はんそで)	한소데	반팔
長袖(ながそで)	나가소데	긴팔

スカート	스까-또	치마
ズボン	즈봉	바지
半(はん)ズボン	한즈봉	반바지
ジーパン	지-판	청바지
下着(したぎ)	시따기	속옷
水着(みずぎ)	미즈기	수영복
靴(くつ)	쿠쯔	구두
靴下(くつした)	쿠쯔시따	양말
ブーツ	부-쯔	부츠
スニーカー	스니-까-	운동화
サンダル	산다루	샌들
帽子(ぼうし)	보-시	모자
眼鏡(めがね)	메가네	안경
指輪(ゆびわ)	유비와	반지
ブレスレット	브레스렛또	팔찌
ネックレス	넥꾸레스	목걸이
イヤリング / ピアス	이야링구 / 피아스	귀걸이
かばん	카방	가방
ネクタイ	네꾸따이	넥타이
洗顔(せんがん)フォーム	셍강호-무	클렌징폼
化粧水(けしょうすい)	케쇼-스이	스킨
乳液(にゅうえき)	뉴-에끼	로션
クリーム	크리-무	크림
日焼(ひや)け止(ど)め	히야께도메	자외선 차단제

날씨

天気(てんき)	텡끼	날씨
天気予報(てんきよほう)	텡끼요호-	일기예보
春(はる)	하루	봄
夏(なつ)	나쯔	여름
秋(あき)	아끼	가을
冬(ふゆ)	후유	겨울
雨(あめ)	아메	비
雪(ゆき)	유끼	눈
小雨(こさめ)	코사메	가랑비
大雨(おおあめ)	오-아메	큰비
台風(たいふう)	타이후-	태풍
梅雨(つゆ)	츠유	장마

夕立(ゆうだち) / にわかあめ	유-다찌 / 니와까아메	소나기
どしゃぶり	도샤부리	폭우
ぼたん雪(ゆき)	보탄유끼	함박눈
雷(かみなり)	카미나리	천둥, 번개
風(かぜ)	카제	바람
晴(は)れる	하레루	개다
曇(くも)る	쿠모루	흐리다
にじ	니지	무지개
霧(きり)	키리	안개
雹(ひょう)	효-	우박
日照(ひで)り	히데리	가뭄
洪水(こうずい)	코-즈이	홍수
津波(つなみ)	츠나미	해일
温度(おんど)	온도	온도
湿度(しつど)	시쯔도	습도
暖(あたた)かい	아따따까이	따뜻하다
暑(あつ)い	아쯔이	덥다
蒸(む)し暑(あつ)い	무시아쯔이	후덥지근하다
涼(すず)しい	스즈시-	선선하다
寒(さむ)い	사무이	춥다
肌寒(はださむ)い	하다사무이	쌀쌀하다

편지

郵便局(ゆうびんきょく)	유-빙쿄꾸	우체국
郵便(ゆうびん)ポスト	유-빙포스또	우체통
切手(きって)	킷떼	우표
手紙(てがみ)	테가미	편지
ハガキ	하가끼	엽서
速達(そくたつ)	소꾸타쯔	속달
書留(かきとめ)	카끼또메	등기
宅配(たくはい)	타꾸하이	택배
小包(こづつみ)	코즈쯔미	소포
封筒(ふうとう)	후-또-	봉투
郵便料金(ゆうびんりょうきん)	유-빙료-낑	우편요금
郵便番号(ゆうびんばんごう)	유-빙방고-	우편번호
航空便(こうくうびん)	코-꾸-빙	항공편
船便(ふなびん)	후나빙	배편
宛先(あてさき)	아떼사끼	수신처, 수신인

음식

食(た)べ物(もの)	타베모노	음식
料理(りょうり)	료-리	요리
シェフ	쉐후	주방장
コック	콕꾸	요리사
味(あじ)	아지	맛
おいしい / うまい	오이시- / 우마이	맛있다
まずい	마즈이	맛없다
辛(から)い	카라이	맵다
甘(あま)い	아마이	달다
すっぱい	습빠이	시다
しょっぱい	숍빠이	짜다
甘酸(あまず)っぱい	아마즙빠이	새콤달콤하다
甘辛(あまから)い	아마카라이	매콤달콤하다
苦(にが)い	니가이	쓰다
渋(しぶ)い	시부이	떫다
味(あじ)が薄(うす)い	아지가우스이	맛이 싱겁다
味(あじ)が濃(こ)い	아지가코이	맛이 진하다
くどい	쿠도이	느끼하다
あぶらっこい	아부락꼬이	기름지다
香(こう)ばしい	코-바시-	고소하다
韓国料理(かんこくりょうり)	캉꼬꾸료-리	한국음식
中華料理(ちゅうかりょうり)	츄-까료-리	중국음식
和食(わしょく)	와쇼꾸	일본음식
イタリア料理(りょうり)	이따리아료-리	이탈리아 음식
焼(や)き肉(にく)	야끼니꾸	불고기
カルビ	카루비	갈비
キムチ	키무찌	김치
ビビンバ	비빔바	비빔밥
いしやきビビンバ	이시야끼비빔바	돌솥비빔밥
冷麺(れいめん)	레-멘	냉면
チャーハン	챠-항	볶음밥
チゲ	치게	찌게
のりまき	노리마끼	김밥
ラーメン	라-멘	라면
餃子(ぎょうざ)	교-자	만두
うどん	우동	우동
そうめん	소-멘	국수

そば	소바	메밀국수
寿司(すし)	스시	초밥
刺身(さしみ)	사시미	생선회
おにぎり	오니기리	주먹밥
すきやき	스끼야끼	일본식 전골
しゃぶしゃぶ	샤부샤부	샤브샤브
てんぷら	템뿌라	튀김
どんぶり	돈부리	덮밥
おでん	오뎅	어묵
スパゲッティ	스파겟띠	스파게티
ステーキ	스떼-끼	스테이크
食事(しょくじ)	쇼꾸지	식사
レストラン	레스또랑	레스토랑
食堂(しょくどう)	쇼꾸도-	식당
注文(ちゅうもん)	츄-몽	주문
メニュー	메뉴-	메뉴
お勧め料理(おすすめりょうり)	오스스메료-리	추천요리
外食(がいしょく)	가이쇼꾸	외식
定食(ていしょく)	테-쇼꾸	정식
弁当(べんとう)	벤또-	도시락
バイキング	바이킹구	뷔페
お代わり(おかわり)	오까와리	한 그릇 더, 리필
並み(なみ)	나미	보통
大盛り(おおもり)	오-모리	곱빼기
お絞り(おしぼり)	오시보리	물수건
取り皿(とりざら)	토리자라	앞접시
朝ごはん(あさごはん)	아사고항	아침밥
昼ごはん(ひるごはん) / お昼(おひる)	히루고항 / 오히루	점심밥
夕飯(ゆうはん) / 晩ごはん(ばんごはん)	유-항 / 방고항	저녁밥
おかず	오까즈	반찬
お腹が空く(おなかがすく)	오나까가스꾸	배가 고프다
お腹が一杯だ(おなかがいっぱいだ)	오나까가입빠이다	배가 부르다
一人前(いちにんまえ)	이찌닌마에	1인분

요리

包丁(ほうちょう)	호-쵸-	부엌칼
まな板(まないた)	마나이따	도마
皿(さら)	사라	접시

茶碗(ちゃわん)	챠왕	밥공기
箸(はし)	하시	젓가락
スプーン	스푸-은	숟가락
やかん	야깡	주전자
鍋(なべ)	나베	냄비
ひしゃく	히샤꾸	국자
フライパン	후라이빤	프라이팬
しゃもじ	샤모지	주걱
作(つく)る	츠꾸루	만들다
炊(た)く	타꾸	밥을 짓다
焼(や)く	야꾸	굽다
揚(あ)げる	아게루	튀기다
茹(ゆ)でる	유데루	데치다, 삶다
煮(に)る	니루	조리다, 끓이다
蒸(む)す	무스	찌다
和(あ)える	아에루	무치다, 버무리다
刻(きざ)む	키자무	잘게 썰다
炒(いた)める	이따메루	볶다
沸(わ)かす	와까스	끓이다

溶(と)かす	토까스	녹이다
暖(あたた)める	아따따메루	데우다
冷(ひ)やす	히야스	식히다
調味料(ちょうみりょう)	쵸-미료-	조미료
塩(しお)	시오	소금
砂糖(さとう)	사또-	설탕
醤油(しょうゆ)	쇼-유	간장
酢(す)	스	식초
油(あぶら)	아부라	기름
ごま油(あぶら)	고마아부라	참기름
味噌(みそ)	미소	된장
こしょう	코쇼-	후추
ソース	소-스	소스
マヨネーズ	마요네-즈	마요네즈
ケチャップ	케짭뿌	케첩
ピックル	픽꾸루	피클
肉(にく)	니꾸	고기(육류)
卵(たまご)	타마고	달걀
魚(さかな)	사까나	물고기(생선)

野菜(やさい)	야사이	채소
果物(くだもの)	쿠다모노	과일
米(こめ)	코메	쌀
小麦粉(こむぎこ)	코무기꼬	밀가루
だし	다시	(맛을 위해 우려낸) 국물

술, 안주

お酒(さけ)	오사께	술
飲(の)む	노무	마시다
酔(よ)う / 酔(よ)っぱらう	요우 / 욥빠라우	취하다
二日酔(ふつかよ)い	후쯔까요이	숙취
酒癖(さけぐせ)	사께구세	술버릇
一気飲(いっきの)み	익끼노미	원샷
居酒屋(いざかや)	이자까야	술집
屋台(やたい)	야따이	포장마차
二次会(にじかい)	니지까이	2차
日本酒(にほんしゅ)	니혼슈	일본청주
焼酎(しょうちゅう)	쇼-츄-	소주
ビール	비-루	맥주
生(なま)ビール	나마비-루	생맥주
ワイン	와인	와인
ウオッカ	웍까	보드카
ウイスキー	우이스끼-	위스키
水割(みずわ)り	미즈와리	물에 희석한 술
カクテル	카꾸떼루	칵테일
酎(ちゅう)ハイ	츄-하이	칵테일소주
シャンパン	샴빤	샴페인
どぶろく	도부로꾸	막걸리
サラダ	사라다	샐러드
ポテトフライ	포떼또후라이	감자튀김
やきとり	야끼도리	닭꼬치
やきおにぎり	야끼오니기리	구운 주먹밥
つけもの	츠께모노	채소절임
お好(この)み焼(や)き	오꼬노미야끼	일본식 부침개
おでん	오뎅	어묵
バターコーン	바따-코-응	옥수수 버터구이
鶏(とり)の唐揚(からあ)げ	토리노 카라아게	닭튀김
やきそば	야끼소바	볶은 면요리

エビフライ	에비후라이	새우튀김
串(くし)カツ	쿠시까쯔	꼬치커틀릿
枝豆(えだまめ)	에다마메	삶은 풋콩
春(はる)巻き	하루마끼	춘권
ポップコーン	폽뿌코-응	팝콘
果物(くだもの)の盛(も)り合(あ)わせ	쿠다모노노 모리아와세	모둠 과일
酢豚(すぶた)	스부따	탕수육
ポテトチップ	포떼또칩뿌	포테이토칩

채소, 과일

だいこん	다이꽁	무
白菜(はくさい)	하꾸사이	배추
たまねぎ	타마네기	양파
ねぎ	네기	파
唐辛子(とうがらし)	토-가라시	고추
ごぼう	고보-	우엉
なす	나스	가지
茸(きのこ)	키노꼬	버섯
わさび	와사비	고추냉이
にら	니라	부추
きゅうり	큐-리	오이
じゃがいも	쟈가이모	감자
さつまいも	사쯔마이모	고구마
にんにく	닌니꾸	마늘
しょうが	쇼-가	생강
ほうれんそう	호-렌소-	시금치
にんじん	닌징	당근
もやし	모야시	콩나물
キャベツ	캬베쯔	양배추
レタス	레따스	양상추
とうもろこし	토-모로꼬시	옥수수
豆(まめ)	마메	콩
りんご	링고	사과
なし	나시	배
バナナ	바나나	바나나
みかん	미깡	귤
ぶどう	부도-	포도
いちご	이찌고	딸기

すいか	스이까	수박
トマト	토마토	토마토
もも	모모	복숭아
すもも	스모모	자두
かき	카끼	감
マンゴー	망고-	망고
キウィ	키위	키위
ゆず	유즈	유자
あんず	안즈	살구
パイナップル	파이납뿌루	파인애플
メロン	메론	메론
レモン	레몬	레몬

디저트, 음료

デザート	데자-또	디저트
スイーツ	스이-쯔	달콤한 디저트
ケーキ	케-끼	케이크
プリン	푸링	푸딩
ゼリー	제리-	젤리
アイスクリーム	아이스꾸리-무	아이스크림
かき氷(ごおり)	카끼고-리	빙수
飴(あめ)	아메	사탕
チョコレート	초꼬레-또	초콜릿
パン	팡	빵
食(しょく)パン	쇼꾸팡	식빵
クレープ	크레-뿌	크레이프
ドーナツ	도-나쯔	도너츠
飲(の)み物(もの)	노미모노	음료수
コーヒー	코-히-	커피
カフェラテ	카훼라떼	카페라떼
カプチーノ	카푸치-노	카푸치노
アイスコーヒー	아이스코-히-	아이스커피
紅茶(こうちゃ)	코-챠	홍차
緑茶(りょくちゃ)	료꾸챠	녹차
アイスティー	아이스티-	아이스티
コーラ	코-라	콜라
オレンジジュース	오렌지쥬-스	오렌지 주스
牛乳(ぎゅうにゅう) / ミルク	규-뉴- / 미루꾸	우유

색깔

色(いろ) 이로	색
赤(あか) 아까	빨강
青(あお) 아오	파랑
黄色(きいろ) 키이로	노랑
白(しろ) 시로	하양
黒(くろ) 쿠로	검정
紫(むらさき) 무라사끼	보라
緑(みどり) 미도리	초록
ピンク 핑꾸	핑크
水色(みずいろ) 미즈이로	하늘색
灰色(はいいろ) 하이이로	회색
茶色(ちゃいろ) 챠이로	갈색
ベージュ 베-쥬	베이지색
桜色(さくらいろ) 사꾸라이로	연분홍색
うすみどり 우스미도리	연두색
赤紫(あかむらさき) 아까무라사끼	자주색
銀色(ぎんいろ) 깅이로	은색
金色(きんいろ) 킹이로	금색
花柄(はながら) 하나가라	꽃무늬
しま柄(がら) 시마가라	줄무늬
チェック 첵꾸	체크
水玉(みずたま) 미즈타마	물방울

학교

学校(がっこう) 각꼬-	학교
小学校(しょうがっこう) 쇼-각꼬-	초등학교
中学校(ちゅうがっこう) 츄-각꼬-	중학교
高校(こうこう) 코-꼬-	고등학교
大学(だいがく) 다이가꾸	대학교
大学院(だいがくいん) 다이가꾸잉	대학원
予備校(よびこう) 요비꼬-	입시학원
塾(じゅく) 쥬꾸	학원
運動場(うんどうじょう) 운도-죠-	운동장
図書館(としょかん) 토쇼깡	도서관
寮(りょう) 료-	기숙사
学生(がくせい) 각세-	학생
学生証(がくせいしょう) 각세-쇼-	학생증

学割(がくわり)	가꾸와리	학생할인
先生(せんせい)	센세-	선생님
講師(こうし)	코-시	강사
教授(きょうじゅ)	쿄-쥬	교수
教室(きょうしつ)	쿄-시쯔	교실
黒板(こくばん)	코꾸방	칠판
黒板消し(こくばんけし)	코꾸방케시	칠판지우개
本(ほん)	홍	책
教科書(きょうかしょ)	쿄-까쇼	교과서
出席(しゅっせき)	슛세끼	출석
欠席(けっせき)	켓세끼	결석
早退(そうたい)	소-따이	조퇴
遅刻(ちこく)	치꼬꾸	지각
退学(たいがく)	타이가꾸	퇴학
休学(きゅうがく)	큐-가꾸	휴학
浪人(ろうにん)	로-닝	재수
中間(ちゅうかん)テスト	츄-깡테스또	중간고사
期末(きまつ)テスト	키마쯔테스또	기말고사
成績(せいせき)	세-세끼	성적
入学(にゅうがく)	뉴-가꾸	입학
卒業(そつぎょう)	소쯔교-	졸업
昼休(ひるやす)み	히루야스미	점심시간
夏休(なつやす)み	나쯔야스미	여름방학
冬休(ふゆやす)み	후유야스미	겨울방학
修学旅行(しゅうがくりょこう)	슈-가꾸료꼬-	수학여행
科目(かもく)	카모꾸	과목
時間割(じかんわ)り	지깡와리	시간표
専攻(せんこう)	센꼬-	전공
同窓会(どうそうかい)	도-소-까이	동창회
同級生(どうきゅうせい)	도-큐-세-	동창생

회사

会社(かいしゃ)	카이샤	회사
大手企業(おおてきぎょう)	오-떼키교-	대기업
中小企業(ちゅうしょうきぎょう)	츄-쇼-키교-	중소기업
本社(ほんしゃ)	혼샤	본사
支社(ししゃ)	시샤	지사
事務所(じむしょ)	지무쇼	사무실

会社員	かいしゃいん	카이샤잉	회사원
新入社員	しんにゅうしゃいん	신뉴-샤잉	신입사원
同僚	どうりょう	도-료-	동료
上司	じょうし	죠-시	상사
部下	ぶか	부까	부하
会長	かいちょう	카이쵸-	회장
社長	しゃちょう	샤쵸-	사장
部長	ぶちょう	부쵸-	부장
課長	かちょう	카쵸-	과장
係長	かかりちょう	카까리쵸-	계장
主任	しゅにん	슈닝	주임
秘書	ひしょ	히쇼	비서
名刺	めいし	메-시	명함
会議	かいぎ	카이기	회의
取引先	とりひきさき	토리히끼사끼	거래처
担当	たんとう	탄또-	담당
給料	きゅうりょう	큐-료-	급여
出張	しゅっちょう	슛쵸-	출장
書類	しょるい	쇼루이	서류
報告書	ほうこくしょ	호-코꾸쇼	보고서
企画書	きかくしょ	키까꾸쇼	기획서
勤務時間	きんむじかん	킴무지깡	근무시간
残業	ざんぎょう	잔교-	잔업
出勤	しゅっきん	슛낑	출근
欠勤	けっきん	켁낑	결근
面接	めんせつ	멘세쯔	면접
履歴書	りれきしょ	리레끼쇼	이력서
採用	さいよう	사이요-	채용
昇進	しょうしん	쇼-싱	승진
転勤	てんきん	텐낑	전근
退社	たいしゃ	타이샤	퇴사
首になる	くび	쿠비니나루	해고되다
辞表	じひょう	지효-	사표
定年退職	ていねんたいしょく	테-넨타이쇼꾸	정년퇴직

병, 병원

病院	びょういん	뵤-잉	병원
医者	いしゃ	이샤	의사

일본어 (읽기)	발음	뜻
看護婦 (かんごふ)	캉고후	간호사
救急車 (きゅうきゅうしゃ)	큐-큐-샤	구급차
内科 (ないか)	나이까	내과
外科 (げか)	게까	외과
歯医者 (はいしゃ)	하이샤	치과
美容整形外科 (びようせいけいげか)	비요-세-께-게까	성형외과
皮膚科 (ひふか)	히후까	피부과
耳鼻咽喉科 (じびいんこうか)	지비잉꼬-까	이비인후과
産婦人科 (さんふじんか)	산후징까	산부인과
患者 (かんじゃ)	칸쟈	환자
診察 (しんさつ)	신사쯔	진찰
体温 (たいおん)	타이옹	체온
注射 (ちゅうしゃ)	츄-샤	주사
手術 (しゅじゅつ)	슈쥬쯔	수술
レントゲン	렌또겐	X-레이
入院 (にゅういん)	뉴-잉	입원
退院 (たいいん)	타이잉	퇴원
お見舞い (みま)	오미마이	병문안
風邪 (かぜ)	카제	감기

일본어 (읽기)	발음	뜻
インフルエンザ	임후루엔자	독감
胃炎 (いえん)	이엥	위염
胃もたれ (い)	이모따레	소화불량
憂鬱症 (ゆううつしょう)	유-우쯔쇼-	우울증
吐き気 (は け)	하끼께	구토
げり	게리	설사
やけど	야께도	화상
頭痛 (ずつう)	즈쯔-	두통
熱 (ねつ)	네쯔	열
虫歯 (むしば)	무시바	충치
癌 (がん)	강	암
薬 (くすり)	쿠스리	약
薬局 / 薬屋 (やっきょく / くすりや)	약꾜꾸 / 쿠스리야	약국
錠剤 (じょうざい)	죠-자이	알약
飲み薬 (の ぐすり)	노미구스리	마시는 약
塗り薬 (ぬ ぐすり)	누리구스리	바르는 약
なんこう	낭꼬-	연고
痛み止め (いた ど)	이따미도메	진통제
酔い止め (よ ど)	요이도메	멀미약

胃薬(いぐすり) 이구스리	위장약
消化剤(しょうかざい) 쇼-까자이	소화제
目薬(めぐすり) 메구스리	안약
解熱剤(げねつざい) 게네쯔자이	해열제
漢方薬(かんぽうやく) 캄뽀-야꾸	한약
ばんそうこう 반소-꼬-	반창고
副作用(ふくさよう) 후꾸사요-	부작용

취미

趣味(しゅみ) 슈미	취미
山登り(やまのぼり) / 登山(とざん) 야마노보리 / 토잔	등산
釣(つり) 츠리	낚시
生け花(いけばな) 이께바나	꽃꽂이
書道(しょどう) 쇼도-	서예
囲碁(いご) 이고	바둑
将棋(しょうぎ) 쇼-기	장기
ゲーム 게-무	게임
ネットサーフィン 넷또사-휜	인터넷서핑
旅行(りょこう) 료꼬-	여행
写真(しゃしん) 샤싱	사진
運動(うんどう) 운도-	운동
水泳(すいえい) 스이에-	수영
ヨガ 요가	요가
絵(え) 에	그림
読書(どくしょ) 도꾸쇼	독서
音楽鑑賞(おんがくかんしょう) 옹가꾸칸쇼-	음악감상
映画鑑賞(えいがかんしょう) 에-가칸쇼-	영화감상
芝居(しばい) 시바이	연극

교통

交通(こうつう) 코-쯔-	교통
乗る(のる) 노루	타다
降りる(おりる) 오리루	내리다
乗り換える(のりかえる) 노리까에루	갈아타다
乗り遅れる(のりおくれる) 노리오꾸레루	(탈것을) 놓치다
乗り越す(のりこす) 노리꼬스	하차할 곳을 지나치다
駅(えき) 에끼	역
バス停(てい) 바스떼-	버스정류장

入り口(いぐち)	이리구찌	입구
出口(でぐち)	데구찌	출구
切符(きっぷ)	킵뿌	표
定期券(ていきけん)	테-끼껭	정기권
切符売り場(きっぷうば)	킵뿌우리바	매표소
出発(しゅっぱつ)	슛빠쯔	출발
到着(とうちゃく)	토-챠꾸	도착
片道(かたみち)	카따미찌	편도
往復(おうふく)	오-후꾸	왕복
終電(しゅうでん)	슈-뎅	막차
車(くるま)	쿠루마	차
バス	바스	버스
タクシー	타꾸시-	택시
電車(でんしゃ)	덴샤	전철
地下鉄(ちかてつ)	치까떼쯔	지하철
自転車(じてんしゃ)	지뗀샤	자전거
飛行機(ひこうき)	히코-끼	비행기
船(ふね)	후네	배
トラック	토락꾸	트럭
バイク	바이꾸	오토바이
高速道路(こうそくどうろ)	코-소꾸도-로	고속도로
シートベルト	시-또베루또	안전벨트
運転手(うんてんしゅ)	운뗀샤	운전사
駐車(ちゅうしゃ)	츄-샤	주차
違法駐車(いほうちゅうしゃ)	이호-츄-샤	불법주차
信号(しんごう)	신고-	신호
路肩(ろかた)	로까따	갓길
踏み切り(ふき)	후미끼리	건널목
近道(ちかみち)	치까미찌	지름길
車道(しゃどう)	샤도-	차도
歩道(ほどう)	호도-	보도
歩行者(ほこうしゃ)	호꼬-샤	보행자
まっすぐ行く(い)	맛스구이꾸	직진하다
右に曲がる(みぎ ま)	미기니마가루	우회전하다
左に曲がる(ひだり ま)	히다리니마가루	좌회전하다
追い越しする(お こ)	오이꼬시스루	추월하다
ガソリンスタンド	가소린스딴도	주유소
免許証(めんきょしょう)	멩꾜쇼-	면허증

단어	후리가나	발음	뜻
道が込む	みち こ	미찌가코무	길이 막히다
道に迷う	みち まよ	미찌니마요우	길을 잃다

스포츠

단어	후리가나	발음	뜻
運動	うん どう	운도-	운동
スポーツ		스뽀-쯔	스포츠
野球	や きゅう	야뀨-	야구
サッカー		삭까-	축구
バスケットボール		바스껫또보-루	농구
バレーボール		바레-보-루	배구
テニス		테니스	테니스
バドミントン		바도민똥	배드민턴
ピンポン		핌뽕	탁구
剣道	けん どう	켄도-	검도
ゴルフ		고루후	골프
ボーリング		보-링구	볼링
水泳	すい えい	스이에-	수영
マラソン		마라송	마라톤
すもう		스모-	스모
スキー		스끼-	스키
スノーボード		스노-보-도	스노보드
ジム		지무	체육관, 헬스클럽
選手	せん しゅ	센슈	선수
勝つ	か	카쯔	이기다
負ける	ま	마께루	지다
引き分け	ひ わ	히끼와께	무승부
逆転勝ち	ぎゃくてん が	갸꾸뗑가찌	역전승
逆転負け	ぎゃくてん ま	갸꾸뗑마께	역전패

직업

단어	후리가나	발음	뜻
職業	しょくぎょう	쇼꾸교-	직업
仕事	し ごと	시고또	일
会社員	かい しゃ いん	카이샤잉	회사원
サラリーマン		사라리-망	샐러리맨
銀行員	ぎん こう いん	깅꼬-잉	은행원
教師	きょう し	쿄-시	교사
医者	い しゃ	이샤	의사
看護婦	かん ご ふ	캉고후	간호사

公務員(こうむいん)	코-무잉	공무원
弁護士(べんごし)	벵고시	변호사
警察官(けいさつかん)	케-사쯔깡	경찰관
消防士(しょうぼうし)	쇼-보-시	소방관
美容師(びようし)	비요-시	미용사
建築家(けんちくか)	켄찌꾸까	건축가
芸能人(げいのうじん)	게-노-징	연예인
歌手(かしゅ)	카슈	가수
俳優(はいゆう)	하이유-	배우
お笑(わら)い	오와라이	코미디언
タレント	타렌또	탤런트
農夫(のうふ)	노-후	농부
漁師(りょうし)	료-시	어부
作家(さっか)	삭까	작가
画家(がか)	가까	화가
音楽家(おんがくか)	옹가꾸까	음악가
運動選手(うんどうせんしゅ)	운도-센슈	운동선수
コック	콕꾸	요리사

동물

犬(いぬ)	이누	개
子犬(こいぬ)	코이누	강아지
猫(ねこ)	네꼬	고양이
牛(うし)	우시	소
豚(ぶた)	부따	돼지
鳥(とり)	토리	새
鶏(にわとり)	니와토리	닭
ひよこ	히요꼬	병아리
かも	카모	오리
うさぎ	우사기	토끼
かめ	카메	거북이
熊(くま)	쿠마	곰
虎(とら)	토라	호랑이
ライオン	라이옹	사자
羊(ひつじ)	히쯔지	양
ねずみ	네즈미	쥐
蛇(へび)	헤비	뱀
猿(さる)	사루	원숭이

像(ぞう)	조-	코끼리
きりん	키링	기린
馬(うま)	우마	말
狼(おおかみ)	오-까미	늑대
狐(きつね)	키쯔네	여우
鹿(しか)	시까	사슴

자연

太陽(たいよう)	타이요-	태양
雲(くも)	쿠모	구름
月(つき)	츠끼	달
空(そら)	소라	하늘
土(つち)	츠찌	땅, 흙
山(やま)	야마	산
木(き)	키	나무
石(いし)	이시	돌
岩(いわ)	이와	바위
花(はな)	하나	꽃
草(くさ)	쿠사	풀
丘(おか)	오까	언덕
野原(のはら)	노하라	들
森(もり)	모리	숲
海(うみ)	우미	바다
海辺(うみべ)	우미베	해변
島(しま)	시마	섬
波(なみ)	나미	파도
砂(すな)	스나	모래
砂浜(すなはま)	스나하마	모래사장
川(かわ)	카와	강
湖(みずうみ)	미즈우미	호수
谷間(たにま)	타니마	계곡

식물

バラ	바라	장미
桜(さくら)	사꾸라	벚꽃
菊(きく)	키꾸	국화
チューリップ	츄-립뿌	튤립
ひまわり	히마와리	해바라기

百合(ゆり)	유리	백합
たんぽぽ	탐뽀뽀	민들레
つつじ	츠쯔지	진달래, 철쭉
欄(らん)	랑	난
カーネーション	카-네-숑	카네이션
かすみそう	카스미소-	안개꽃
サボテン	사보뗑	선인장
れんぎょう	렝교-	개나리
フリージア	후리-지아	프리지아
コスモス	코스모스	코스모스
木蓮(もくれん)	모꾸렝	목련
紅葉(もみじ)	모미지	단풍
松(まつ)	마쯔	소나무
竹(たけ)	타께	대나무
銀杏(いちょう)	이쵸-	은행나무

문구

文房具(ぶんぼうぐ)	붐보-구	문구
鉛筆(えんぴつ)	엠삐쯔	연필
シャープペンシル	샤-뿌펜시루	샤프
鉛筆削り(えんぴつけず)	엠삐쯔케즈리	연필깎이
筆箱(ふでばこ)	후데바꼬	필통
ボールペン	보-루삥	볼펜
蛍光(けいこう)ペン	케-꼬-삥	형광펜
消(け)しゴム	케시고무	지우개
修正(しゅうせい)テープ	슈-세-테-뿌	수정테이프
紙(かみ)	카미	종이
ノート	노-또	노트
クリップ	쿠립뿌	클립
画鋲(がびょう)	가뵤-	압정
じょうぎ	죠-기	자
はさみ	하사미	가위
のり	노리	풀
刀(かたな)	카따나	칼
ホチキス	호찌끼스	스테이플러
セロテープ	세로테-뿌	스카치 테이프
付箋(ふせん)(ポストイット)	후셍(포스또잇또)	포스트잇
輪(わ)ゴム	와고무	고무 밴드

길거리, 가게

道(みち) 미찌	길
交差点(こうさてん) 코-사뗑	사거리
歩道橋(ほどうきょう) 호도-꾜-	육교
道路(どうろ) 도-로	도로
歩道(ほどう) 호도-	보도
標識(ひょうしき) 효-시끼	도로표지
看板(かんばん) 캄방	간판
公衆電話(こうしゅうでんわ) 코-슈-뎅와	공중전화
自動販売機(じどうはんばいき) 지도-함바이끼	자동판매기
新聞売店(しんぶんばいてん) 심붐바이뗑	신문가판대
建物(たてもの) 타떼모노	건물
ビル 비루	빌딩
電信柱(でんしんばしら) 덴심바시라	전봇대
街路樹(がいろじゅ) 가이로쥬	가로수
街灯(がいとう) 가이또-	가로등
公園(こうえん) 코-엥	공원
学校(がっこう) 각꼬-	학교
郵便局(ゆうびんきょく) 유-빙꾜꾸	우체국
銀行(ぎんこう) 깅꼬-	은행
映画館(えいがかん) 에-가깡	영화관
病院(びょういん) 뵤-잉	병원
銭湯(せんとう) 센또-	목욕탕
靴屋(くつや) 쿠쯔야	구둣가게
役所(やくしょ) 야꾸쇼	관공서
警察署(けいさつしょ) 케-사쯔쇼	경찰서
デパート 데빠-또	백화점
アパート 아빠-또	아파트
スーパー 스-빠-	슈퍼마켓
コンビニ 콤비니	편의점
ホテル 호떼루	호텔
文房具屋(ぶんぼうぐや) 붐보-구야	문구점
本屋(ほんや) 홍야	서점
家具屋(かぐや) 카구야	가구점
食べ物屋(たべものや) 타베모노야	음식점
パン屋(や) 팡야	빵집
寿司屋(すしや) 스시야	초밥집
果物屋(くだものや) 쿠다모노야	과일가게

八百屋(やおや)	야오야	채소가게
魚屋(さかなや)	사까나야	생선가게
肉屋(にくや)	니꾸야	정육점
レストラン	레스또랑	레스토랑
喫茶店(きっさてん)	킷사뗑	커피숍
屋台(やたい)	야따이	포장마차
居酒屋(いざかや)	이자까야	술집
クラブ	쿠라부	클럽
ポスト	포스또	우체통
服屋(ふくや)	후꾸야	옷가게
クリーニング屋(や)	쿠리-닝구야	세탁소
眼鏡屋(めがねや)	메가네야	안경점
薬局(やっきょく)	약꾜꾸	약국
駐車場(ちゅうしゃじょう)	츄-샤죠-	주차장

집

部屋(へや)	헤야	방
居間(いま)	이마	거실
ドア / 門(もん)	도아 / 몽	문
窓(まど)	마도	창문
壁(かべ)	카베	벽
壁紙(かべがみ)	카베가미	벽지
天井(てんじょう)	텐죠-	천장
床(ゆか)	유까	마루
家具(かぐ)	카구	가구
ソファー	소화-	소파
クッション	쿳숑	쿠션
座布団(ざぶとん)	자부똥	방석
額縁(がくぶち)	가꾸부찌	액자
テーブル	테-부루	테이블
テレビ	테레비	텔레비전
ビデオデッキ	비데오덱끼	비디오테크
電話(でんわ)	뎅와	전화
机(つくえ)	츠꾸에	책상
本立て(ほんだて)	혼다떼	책꽂이
本棚(ほんだな)	혼다나	책장
引き出し(ひきだし)	히끼다시	서랍
椅子(いす)	이스	의자

時計(とけい) 토께-	시계
タンス 탄스	장롱, 옷장
テーブル 테-부루	테이블
エアコン / クーラー 에아콩 / 쿠-라-	에어컨
暖房(だんぼう) 단보-	난방기구
空気清浄器(くうきせいじょうき) 쿠-끼세-죠-끼	공기청정기
加湿器(かしつき) 카시쯔끼	가습기
化粧台(けしょうだい) 케쇼-다이	화장대
スタンド 스딴도	스탠드
ベッド 벳도	침대
スイッチ 스잇찌	스위치
コンセント 콘센또	콘센트
差し込み(さしこみ) 사시꼬미	플러그
ゴミ箱(ばこ) 고미바꼬	쓰레기통
ハンガー / 衣紋掛け(えもんかけ) 항가- / 에몽카께	옷걸이
電気(でんき) 뎅끼	전기, 전깃불
畳(たたみ) 타따미	다다미
掃除機(そうじき) 소-지끼	청소기
ほうき 호-끼	빗자루
ちりとり 치리또리	쓰레받기
布団(ふとん) 후똥	이불
敷き布団(しきふとん) 시끼후똥	요
まくら 마꾸라	베개

필수 형용사 100

01	青い(あおい) 아오이	파랗다
02	赤い(あかい) 아까이	빨갛다
03	明るい(あかるい) 아까루이	밝다
04	暖かい(あたたかい) 아따따까이	따뜻하다
05	新しい(あたらしい) 아따라시-	새롭다
06	暑い(あつい) 아쯔이	덥다
07	厚い(あつい) 아쯔이	두껍다
08	熱い(あつい) 아쯔이	뜨겁다
09	危ない(あぶない) 아부나이	위험하다
10	甘い(あまい) 아마이	달다
11	いい 이-	좋다
12	忙しい(いそがしい) 이소가시-	바쁘다
13	痛い(いたい) 이따이	아프다

14	美(うつく)しい	우쯔꾸시-	아름답다
15	うまい	우마이	맛있다, 잘하다
16	うるさい	우루사이	시끄럽다
17	嬉(うれ)しい	우레시-	기쁘다
18	おいしい	오이시-	맛있다
19	多(おお)い	오-이	많다
20	大(おお)きい	오-끼-	크다
21	おかしい	오까시-	이상하다
22	遅(おそ)い	오소이	늦다, 느리다
23	重(おも)い	오모이	무겁다
24	おもしろい	오모시로이	재미있다
25	悲(かな)しい	카나시-	슬프다
26	辛(から)い	카라이	맵다
27	軽(かる)い	카루이	가볍다
28	かわいい	카와이-	귀엽다
29	汚(きたな)い	키따나이	더럽다
30	暗(くら)い	쿠라이	어둡다
31	黒(くろ)い	쿠로이	검다
32	怖(こわ)い	코와이	무섭다
33	寂(さび)しい	사비시-	외롭다
34	寒(さむ)い	사무이	춥다
35	白(しろ)い	시로이	희다
36	少(すく)ない	스꾸나이	적다
37	すごい	스고이	대단하다
38	すずしい	스즈시-	시원하다
39	すばらしい	스바라시-	훌륭하다
40	狭(せま)い	세마이	좁다
41	高(たか)い	타까이	높다, 비싸다
42	楽(たの)しい	타노시-	즐겁다
43	小(ちい)さい	치이사이	작다
44	近(ちか)い	치까이	가깝다
45	冷(つめ)たい	츠메따이	차갑다
46	強(つよ)い	츠요이	강하다
47	遠(とお)い	토오이	멀다
48	長(なが)い	나가이	길다
49	眠(ねむ)い	네무이	졸리다
50	恥(は)ずかしい	하즈까시-	부끄럽다
51	早(はや)い	하야이	빠르다

52	低(ひく)い	히꾸이	낮다
53	ひどい	히도이	심하다
54	広(ひろ)い	히로이	넓다
55	太(ふと)い	후또이	굵다
56	古(ふる)い	후루이	오래되다
57	ほしい	호시-	갖고 싶다
58	細(ほそ)い	호소이	가늘다
59	まずい	마즈이	맛없다
60	丸(まる)い	마루이	둥글다
61	短(みじか)い	미지까이	짧다
62	難(むずか)しい	무즈까시-	어렵다
63	優(やさ)しい	야사시-	상냥하다, 착하다
64	易(やさ)しい	야사시-	쉽다
65	安(やす)い	야스이	싸다
66	やわらかい	야와라까이	부드럽다
67	弱(よわ)い	요와이	약하다
68	若(わか)い	와까이	젊다
69	悪(わる)い	와루이	나쁘다
70	いやだ	이야다	싫다
71	同(おな)じだ	오나지다	똑같다
72	一緒(いっしょ)だ	잇쇼다	똑같다
73	簡単(かんたん)だ	칸딴다	간단하다
74	きらいだ	키라이다	싫어하다
75	きれいだ	키레-다	예쁘다, 깨끗하다
76	残念(ざんねん)だ	잔넨다	유감이다
77	静(しず)かだ	시즈까다	조용하다
78	上手(じょうず)だ	죠-즈다	능숙하다
79	丈夫(じょうぶ)だ	죠-부다	튼튼하다
80	親切(しんせつ)だ	신세쯔다	친절하다
81	心配(しんぱい)だ	심빠이다	걱정이다
82	好(す)きだ	스끼다	좋아하다
83	大事(だいじ)だ	다이지다	중요하다
84	大丈夫(だいじょうぶ)だ	다이죠-부다	괜찮다
85	得意(とくい)だ	토꾸이다	아주 잘하다
86	苦手(にがて)だ	니가떼다	잘하지 못하다
87	必要(ひつよう)だ	히쯔요-다	필요하다
88	暇(ひま)だ	히마다	한가하다
89	不便(ふべん)だ	후벤다	불편하다

90	下手だ (へた)	헤따다	서투르다
91	変だ (へん)	헨다	이상하다
92	便利だ (べんり)	벤리다	편리하다
93	真面目だ (まじめ)	마지메다	성실하다
94	無理だ (むり)	무리다	무리이다
95	有名だ (ゆうめい)	유-메-다	유명하다
96	大切だ (たいせつ)	타이세쯔다	소중하다
97	大変だ (たいへん)	타이헨다	힘들다, 큰일이다
98	だめだ	다메다	안 된다
99	特別だ (とくべつ)	토꾸베쯔다	특별하다
100	にぎやかだ	니기야까다	번화하다

필수 동사 100

01	会う (あ)	아우	만나다
02	合う (あ)	아우	어울리다, 맞다
03	開ける (あ)	아께루	열다
04	あげる	아게루	주다
05	あそぶ	아소부	놀다
06	ある	아루	(사물이) 있다
07	歩く (ある)	아루꾸	걷다
08	言う (い)	이우	말하다
09	生きる (い)	이끼루	살다
10	行く (い)	이꾸	가다
11	いる	이루	(사람, 동물이) 있다
12	入れる (い)	이레루	넣다
13	歌う (うた)	우따우	노래하다
14	売る (う)	우루	팔다
15	起きる (お)	오끼루	일어나다
16	置く (お)	오꾸	놓다, 두다
17	送る (おく)	오꾸루	보내다
18	怒る (おこ)	오꼬루	화내다
19	おごる	오고루	한턱내다
20	教える (おし)	오시에루	가르치다
21	落ちる (お)	오찌루	떨어지다
22	覚える (おぼ)	오보에루	기억하다, 외우다
23	思う (おも)	오모우	생각하다
24	泳ぐ (およ)	오요구	헤엄치다
25	降りる (お)	오리루	(탈것에서) 내리다

26	終(お)わる	오와루	끝나다
27	買(か)う	카우	사다
28	借(か)りる	카리루	빌리다
29	貸(か)す	카스	빌려주다
30	帰(かえ)る	카에루	돌아가다
31	変(か)える	카에루	바꾸다
32	かかる	카까루	(시간이) 걸리다
33	かける	카께루	걸다, 걸치다
34	書(か)く	카꾸	쓰다
35	通(かよ)う	카요우	다니다
36	考(かんが)える	캉가에루	생각하다
37	頑張(がんば)る	감바루	분발하다
38	聞(き)く	키꾸	묻다, 듣다
39	決(き)める	키메루	정하다
40	切(き)る	키루	자르다
41	着(き)る	키루	입다
42	来(く)る	쿠루	오다
43	くれる	쿠레루	(남이 내게) 주다
44	答(こた)える	코따에루	대답하다

45	困(こま)る	코마루	곤란하다
46	探(さが)す	사가스	찾다
47	咲(さ)く	사꾸	(꽃이) 피다
48	死(し)ぬ	시누	죽다
49	閉(し)める	시메루	닫다
50	知(し)る	시루	알다
51	吸(す)う	스우	(담배를) 피우다
52	住(す)む	스무	살다, 거주하다
53	座(すわ)る	스와루	앉다
54	出(だ)す	다스	내다, 제출하다
55	頼(たの)む	타노무	부탁하다
56	食(た)べる	타베루	먹다
57	ちがう	치가우	아니다, 다르다
58	使(つか)う	츠까우	사용하다
59	疲(つか)れる	츠까레루	피로해지다
60	着(つ)く	츠꾸	도착하다
61	作(つく)る	츠꾸루	만들다
62	勤(つと)める	츠또메루	근무하다
63	出(で)かける	데까께루	외출하다

64	できる	데끼루	할 수 있다, 생기다
65	手伝(てつだ)う	테쯔다우	돕다
67	撮(と)る	토루	(사진을) 찍다
68	取(と)る	토루	집다, 얻다
69	直(なお)す	나오스	고치다
70	泣(な)く	나꾸	울다
71	無(な)くす	나꾸스	잃어버리다
72	習(なら)う	나라우	배우다
73	なる	나루	되다
74	脱(ぬ)ぐ	누구	벗다
75	寝(ね)る	네루	자다
76	飲(の)む	노무	마시다
77	乗(の)り換(か)える	노리까에루	갈아타다
78	乗(の)る	노루	타다
79	入(はい)る	하이루	들어가다
80	はく	하꾸	(하의를) 입다, (신발을) 신다
81	始(はじ)める	하지메루	시작하다
82	話(はな)す	하나스	이야기하다
83	びっくりする	빅꾸리스루	놀라다

84	引(ひ)っ越(こ)す	힉꼬스	이사하다
85	太る	후또루	살찌다
86	降(ふ)る	후루	(비, 눈이) 내리다
87	曲(ま)がる	마가루	꺾다, 돌다
88	待(ま)つ	마쯔	기다리다
89	見(み)える	미에루	보이다
90	見(み)せる	미세루	보여주다
91	持(も)つ	모쯔	들다, 가지다
92	もらう	모라우	받다
93	休(やす)む	야스무	쉬다
94	痩(や)せる	야세루	마르다, 여위다
95	呼(よ)ぶ	요부	부르다
96	読む	요무	읽다
97	寄(よ)る	요루	들리다
98	分(わ)かる	와까루	알다, 이해하다
99	別(わか)れる	와까레루	헤어지다
100	笑(わら)う	와라우	웃다

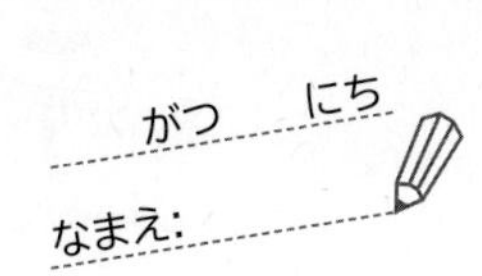

1

2

3

4

5

6

7

8

9

10

11

12

13

14

15

16

17

18

19

20

21

22

23

24

25

26

27

28

29

30

スコア

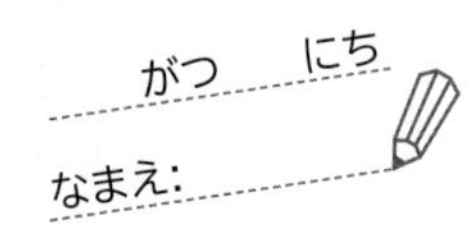

1

2

3

4

5

6

7

8

9

10

11

12

13

14

15

16

17

18

19

20

21

22

23

24

25

26

27

28

29

30

スコア	

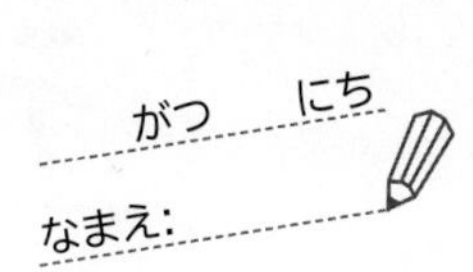

1

2

3

4

5

6

7

8

9

10

11

12

13

14

15

16

17

18

19

20

21

22

23

24

25

26

27

28

29

30

スコア	

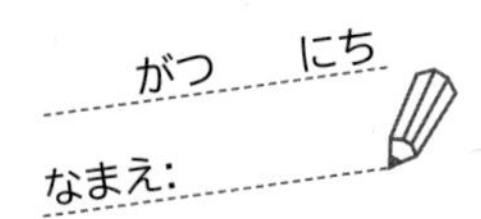

1
2
3
4
5
6
7
8
9
10
11
12
13
14
15
16
17
18
19
20
21
22
23
24
25
26
27
28
29
30

スコア	

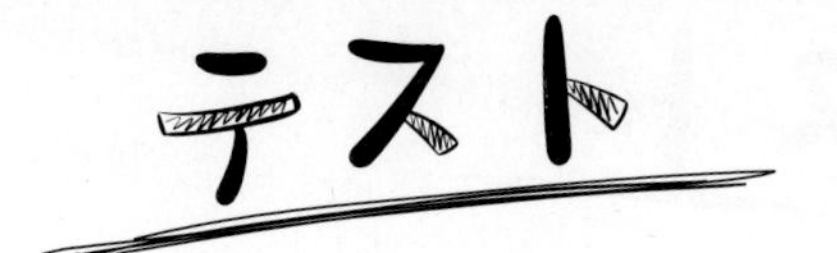

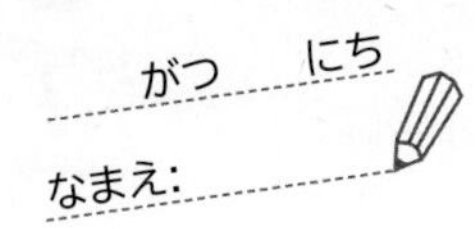

1

2

3

4

5

6

7

8

9

10

11

12

13

14

15

16

17

18

19

20

21

22

23

24

25

26

27

28

29

30

スコア

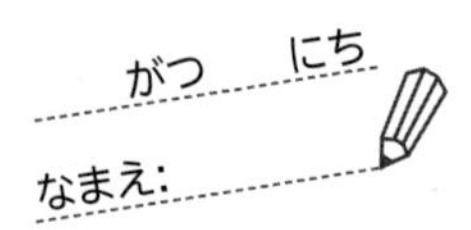

1 ______ 16 ______
2 ______ 17 ______
3 ______ 18 ______
4 ______ 19 ______
5 ______ 20 ______
6 ______ 21 ______
7 ______ 22 ______
8 ______ 23 ______
9 ______ 24 ______
10 ______ 25 ______
11 ______ 26 ______
12 ______ 27 ______
13 ______ 28 ______
14 ______ 29 ______
15 ______ 30 ______

スコア	

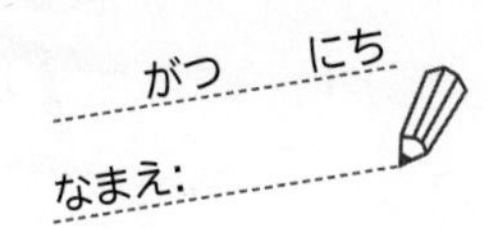

1 ______

2 ______

3 ______

4 ______

5 ______

6 ______

7 ______

8 ______

9 ______

10 ______

11 ______

12 ______

13 ______

14 ______

15 ______

16 ______

17 ______

18 ______

19 ______

20 ______

21 ______

22 ______

23 ______

24 ______

25 ______

26 ______

27 ______

28 ______

29 ______

30 ______

スコア	

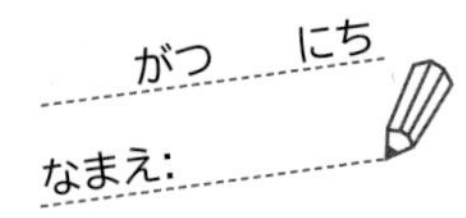

1
2
3
4
5
6
7
8
9
10
11
12
13
14
15
16
17
18
19
20
21
22
23
24
25
26
27
28
29
30

スコア

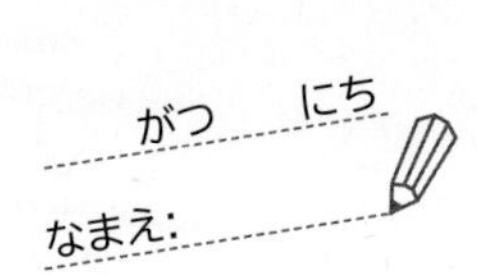

1

2

3

4

5

6

7

8

9

10

11

12

13

14

15

16

17

18

19

20

21

22

23

24

25

26

27

28

29

30

スコア	

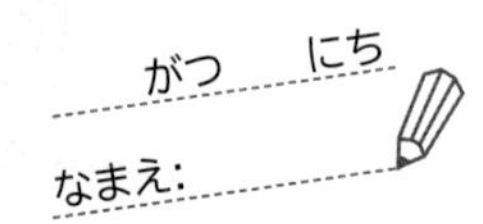

1

2

3

4

5

6

7

8

9

10

11

12

13

14

15

16

17

18

19

20

21

22

23

24

25

26

27

28

29

30

スコア